L'IDÉE MYSTIQUE DANS L'ŒUVRE DE RICHARD WAGNER

SUIVI DE LE DRAME MUSICAL ET L'ŒUVRE DE RICHARD WAGNER

ÉDOUARD SCHURÉ

ALICIA ÉDITIONS

TABLE DES MATIÈRES

L'Idée mystique dans l'œuvre de Richard Wagner   1
Le Drame musical et l'œuvre de Richard Wagner   27

L'IDÉE MYSTIQUE DANS L'ŒUVRE DE RICHARD WAGNER

REVUE DES DEUX MONDES, 5E PÉRIODE, TOME 47, 1908

*L*es grands poètes de tous les temps furent des mystiques, si l'on entend ce mot dans le sens le plus large et le plus profond. Il suffit de les lire, même superficiellement, pour s'apercevoir que l'âme est pour eux une réalité supérieure à celle du corps, et qu'ils croient tous à un monde spirituel qui se cache derrière la traîne mouvante du monde visible. Leur pensée nous apparaît plus ou moins imprégnée de cet ensemble d'idées que les anciens nommaient les « mystères » et que les modernes ont désigné tour à tour sous le nom de magie, d'occultisme, de doctrine ésotérique et de théosophie.

N'en citons que les plus frappants exemples. Les créateurs de la tragédie grecque vécurent dans un âge où la foi religieuse se mêlait intimement à toute la vie sociale et politique et où les enseignements d'Éleusis fournissaient aux initiés une explication philosophique des mythes populaires. Il suffit de nommer l'*Orestie*, le *Prométhée* d'Eschyle, l'*Œdipe-Roi* et l'*Œdipe à Colone* de Sophocle, pour rappeler à toutes les mémoires les liens étroits que les grands tragiques établissaient entre la destinée humaine et le monde des Dieux. Dante, le grand poète chrétien du Moyen Âge, ne met pas seulement en œuvre, dans sa *Divine Comédie*, la doctrine catholique orthodoxe de saint Thomas d'Aquin. Il y greffe des idées singulières et hardies, qui n'ont pu lui venir que de la Kabbale ou des doctrines secrètes des frères de Saint-Jean. Son *Paradis* semble l'œuvre d'un voyant saturé de science occulte. Passons à Shakespeare, le grand poète de la Renaissance et le père du drame moderne. Nous n'avons sur lui que peu de renseignements biographiques, si ce n'est qu'il s'éduqua lui-même, au hasard de sa vie aventureuse de comédien et d'auteur dramatique. Il y a dans ses drames des notions d'occultisme si précises et si documentées qu'on est forcé d'admettre qu'il eut, dans cette science, un maître très avancé et en connut la tradition. Était-ce Bacon ? Était-ce le duc de Southampton ? Était-ce un autre ? Je l'ignore, mais il y en eut un. Sinon, comment Shakespeare aurait-il ces idées claires sur la différence entre l'hallucination et les apparitions réelles dont témoigne *Hamlet*, cette connaissance profonde de l'état somnambulique dépeint dans lady Macbeth, enfin cette science synthétique et lumineuse de la haute magie incarnée dans le Prospero de *la Tempête* ? — Prenons maintenant l'un des plus grands poètes modernes, Goethe. Rien de plus ésotérique que son *Faust*, qui montre comment le Mal lui-même coopère, malgré lui, au Bien, et qui développe, dans son ensemble, l'idée de la rédemption par l'effort personnel. Dans la seconde moitié du XVIIIe siècle, où grandit le génie de Goethe, la science mystique flottait encore dans l'air. Tout porte à croire qu'il reçut dans sa première jeunesse une initiation rosicrucienne, qui laissa sur son esprit une empreinte indélébile*.

Richard Wagner, dont l'œuvre est aussi importante pour l'histoire du drame que pour l'histoire de la musique ; Richard Wagner, qu'on pourrait appeler le restaurateur de la tragédie dans sa dignité sociale et dans sa portée religieuse, est lui aussi un poète ésotérique. Il l'est autant que ses plus illustres prédécesseurs et plus qu'aucun de ses

---

* Voyez la fin du livre VIII dans son autobiographie *Wahrheit und Dichtung* et ses rapports avec Mlle de Klettenberg. Voyez surtout la poésie intitulée *Die Geheimnisse* dans son recueil lyrique *Vermischte Gedichte*. Cette poésie renferme le symbole de la Rose-croix et développe l'idée de l'unité des religions, sous l'égide de la doctrine ésotérique.

contemporains. Non seulement toutes ses grandes conceptions ont leur base dans un mysticisme profond, non seulement elles en exultent et en débordent, mais sa musique est devenue un des agents occultes les plus actifs du temps présent parce qu'elle excelle à réveiller, chez ceux qui s'en doutent le moins, de nouvelles aspirations et de nouvelles perceptions psychiques. Néanmoins, la situation de Wagner vis-à-vis de la mystique diffère de celle des grands génies dont je viens de parler. Ceux-ci ont tous été en rapport direct avec la tradition ésotérique. Ils se sont baignés dans son atmosphère. À un certain moment de leur vie, cette tradition les a bercés sur ses genoux, les a couvés du regard comme une mère passionnée berce son enfant et lui insuffle son âme. Rien de pareil chez Wagner. La religion n'a exercé aucune influence sur lui ; il n'a eu aucune crise mystique dans son existence agitée ; il n'a connu aucun grand mystique. Il ignore la tradition ésotérique. En philosophie, ses seuls maîtres furent Feuerbach et Schopenhauer, un matérialiste et un pessimiste. Toutes les vérités mystiques, qu'il a magnifiées dans ses drames, il les a découvertes en lui-même, par son génie, à l'encontre de son temps et de ses maîtres. Je vais plus loin, et je dis : il les a exprimées dans ses poèmes et sa musique, en dépit de sa propre philosophie. Je ne suis donc pas de l'avis de M. Chamberlain dans son livre d'ailleurs remarquable et suggestif sur ce sujet*. Il prétend que « la caractéristique de la pensée de Wagner est une merveilleuse unité. » Cela est vrai de l'esthéticien, du musicien et du poète, mais non du penseur spéculatif et du philosophe. Celui-là flotte perpétuellement entre une conception naturaliste du monde et ses aspirations spiritualistes, entre un pessimisme fataliste et un optimisme libérateur. Quant au poète-musicien, il vit dans une autre région et y plane fièrement. Ses créations sont toujours inspirées d'un spiritualisme vivant, d'une foi ardente en l'avenir de l'homme et de l'humanité. C'est que chez Wagner le poète est très supérieur au philosophe. Celui-ci s'appuie sur le monde extérieur et visible, l'autre s'inspire

---

* Richard Wagner, von Euston Steward Chamberlain, mit Porträts, facsimile und Beilagen (Bruckmann, Munich, 1896).

d'un monde intérieur et transcendant. L'un marche ; l'autre vole. L'un est un raisonneur ; l'autre un voyant. L'un vit dans l'éphémère ; l'autre dans l'éternel.

Wagner est par là une des preuves les plus éclatantes de la supériorité de l'inspiration sur le pur raisonnement. Mieux que personne il prouve qu'il y a chez le vrai créateur une *subconscience*, qui, de temps à autre, fait irruption dans la conscience ordinaire. Cette subconscience est la source profonde du génie. Lui-même l'avoue. Il écrit à Liszt en 1853 : « De moins en moins je puis écrire ce que je vis en moi, je ne pourrais même pas le dire. Je n'éprouve alors qu'un seul besoin : *sentir* et *agir*. » Or, pour lui, agir c'est créer, et créer c'est penser. Le génie ne pense qu'en images. Le Wagner, qui moule des figures idéales et les anime du souffle de sa musique, représente donc, pour nous, un moi très supérieur à celui qui raisonne à tête reposée et arrange péniblement sa philosophie. Celui-là est sous l'influence de son temps. Devant l'autre s'ouvrent les perspectives d'un monde divin, le royaume éternel de l'Âme et de l'Esprit.

C'est ce contraste, demeuré inaperçu jusqu'à ce jour, entre le penseur et le poète, que je voudrais mettre en pleine lumière, car il est à la fois une des caractéristiques de l'œuvre de Wagner et un phénomène ésotérique des plus intéressants de notre époque. Il démontre l'énergie inlassable avec laquelle l'esprit humain, comprimé par le matérialisme ou le dogmatisme étroit de notre temps, cherche une issue vers le monde divin et par quelles voies extraordinaires il y parvient.

Au point de vue philosophique, le développement intellectuel de Wagner se résume en trois périodes : 1° *la période révolutionnaire* (1840 à 1853) marquée par *Tannhäuser* et *Lohengrin* ; 2° *la période pessimiste* (1853-1876) illustrée par la Tétralogie ; 3° *La période chrétienne* (1876-1883)[*] où il couronne son œuvre avec *Parsifal*. Suivons-

---

[*] Voyez les principales œuvres théoriques de Wagner qui correspondent à ces trois périodes : — Pour la période révolutionnaire : *L'Art et la Révolution* (1849) ; *L'Œuvre d'Art de l'avenir* (1849) ; *L'Art et le Climat* (1850) ; *Opéra et Drame* (1851). — Pour la période pessimiste et schopenhauerienne : *L'État et la Religion* (1864) ; *L'Art allemand et la politique allemande* (1865) ; *Beethoven* (1870). — Pour la période chrétienne de

le dans ces trois phases de sa vie intellectuelle et créatrice. Nous y verrons le poète intuitif contredire le penseur, le combattre et finalement l'entraîner dans le chemin de sa vision et de sa foi.

I. — LA PÉRIODE RÉVOLUTIONNAIRE. « TANNHÄUSER » ET « LOHENGRIN »

Wagner ne commence véritablement à penser philosophiquement sur son art et sur le fond des choses que vers sa trentième année. Il a déjà composé *Rienzi* et *le Vaisseau fantôme*, mais il se cherche encore. Toute sa nature est en ébullition, toutes ses idées fermentent pêle-mêle. Son philosophe préféré, son guide intellectuel est à cette époque Feuerbach, un disciple de Hegel, devenu matérialiste intransigeant. Feuerbach est l'ennemi juré de toute métaphysique et de toute religion. Comme les socialistes d'aujourd'hui, il ne voit dans l'idée religieuse « qu'un reste de la barbarie et de la superstition du genre humain. » Il est optimiste jusqu'à la naïveté. La perfection morale, le bonheur parfait, la société idéale se réaliseront sur-le-champ selon lui, pourvu qu'on supprime le christianisme et l'idée de Dieu. Ce qui séduit Wagner dans Feuerbach, c'est qu'il y trouvait des armes contre l'ascétisme du Moyen Âge et l'hypocrisie sociale, qu'il considérait comme les obstacles principaux à son art. Lui aussi ne voyait en ce moment que le côté oppresseur et négatif du christianisme de l'Église, qui avait supprimé la joie de vivre, qui méprisait la beauté corporelle et empêchait l'homme d'être un artiste complet à la façon des Grecs. Tout le désir, toute la nostalgie de Wagner se détournait alors des cathédrales gothiques pour se fixer sur la Grèce. Dans son premier écrit théorique, *l'Art et la Révolution*, il s'écrie : « Plutôt être Grec pendant une demi-journée devant le chef-d'œuvre tragique, qu'être un Dieu non grec

---

Parsifal : *Religion et Art* (1880) ; *Héroïsme et Christianisme* (1881). Tous ces écrits se trouvent dans les œuvres complètes de Richard Wagner en 10 volumes (Fritsch, à Leipzig).

pendant l'éternité. » Ailleurs, il appelle la poésie chevaleresque « une honnête hypocrisie du fanatisme, une superstition de l'héroïsme qui met la convention à la place de la nature. »

Étrange anomalie, en ces mêmes années, l'artiste créateur puisait dans la tradition chevaleresque les deux sujets, où devait se révéler la plénitude de son génie dramatique et musical : *Tannhäuser* et *Lohengrin*, deux œuvres d'un christianisme certainement hérétique, mais d'un spiritualisme profond et d'un mysticisme transcendant. Un mot d'abord, à ce point de vue, sur *Tannhäuser*.

Deux courants se heurtent dans ce drame avec une extrême violence et cependant aspirent à se fondre. L'un part du monde païen et l'autre du christianisme. Le courant sensuel et le courant mystique s'étaient disputé la jeunesse de l'artiste jusqu'à faire de son cerveau un tourbillon, où les idées des deux mondes s'engouffraient pour rejaillir en un prodigieux bouillonnement. Ces deux courants contraires, il faut le dire, sont ceux-là mêmes qui se disputent l'âme du XIXᵉ siècle, dans la science comme dans la philosophie, dans la littérature comme dans l'art et la société. Pour l'occultiste comme pour le théosophe, ce moment de l'histoire représente le point extrême d'involution cérébrale de l'Esprit dans la matière, le point inférieur, où devait parvenir le moi humain dans son besoin d'identification avec la nature. L'homme devait atteindre ce point pour pénétrer entièrement la nature physique et pour se connaître lui-même. Car sans pénétration, sans identification, il n'y a pas de connaissance. Mais, de ce point aussi, l'homme doit remonter et s'élancer comme d'un tremplin vers les sphères incommensurables de l'âme et de l'esprit universels. C'est le bas d'un arc immense, d'où la grande montée doit reprendre son essor. Sommes-nous arrivés au plus bas de la pente, ou faudra-t-il descendre encore ? Si nous nous débattons dans un chaos tumultueux, tout fait espérer que la réascension est déjà commencée.

Quoi qu'il en soit, *Tannhäuser* marque fortement ce point de l'évolution humaine. Nous assistons, comme en son antre le plus profond, à ce formidable combat de l'Esprit et de la matière, qui bouleversa le XIXᵉ siècle et se prolonge au XXᵉ. Le problème y est hardiment posé et sa solution s'esquisse symphoniquement dans le finale magnifique de l'ouverture, où toutes les puissances de la nature domptée rebondissent et s'exaltent pour chanter la gloire de l'esprit triomphant. Cette pensée mère du drame se reflète dans la lutte qui divise l'âme de son héros. Vénus, la déesse de la beauté et de la volupté, d'une part ; Élisabeth, la vierge chrétienne de l'autre, sont les deux pôles du désir de Tannhäuser. Il les aime d'un amour également fort ; car le paganisme et le christianisme possèdent tour à tour et quelquefois simultanément tout son être. Dans l'antre de Vénus, où la magie des sens l'étourdit avec le cortège des Bacchantes antiques, il soupire après la lumière du ciel, après le son des cloches, après l'ivresse de l'action et le glaive de la douleur. À la Wartbourg, devant la cour du margrave, entraîné par la lutte avec ses émules, c'est Vénus, c'est l'amour païen déchaîné qu'il chantera avec une audace voisine du délire.

Pour avoir pactisé avec la déesse païenne et partagé les plaisirs, qui, aux yeux de l'Église, sont les joies de l'enfer, les chevaliers le tueraient, mais la vierge héroïque s'interpose. L'amante renonciatrice, changée en sainte, lui vaudra le pardon que lui refuse le Pape. Le chevalier-poète, qui fut l'amant de Vénus, meurt repenti, extasié devant le cercueil d'Élisabeth. Son double amour l'a consumé, mais il est sauvé pour l'*autre vie*. Wagner, qui écarte l'idée de l'au-delà dans ses écrits théoriques, l'affirme comme le postulat suprême et le couronnement de son drame. Sachons-lui gré de cette contradiction féconde. La théorie est la feuille desséchée qui tombe de l'arbre ; l'œuvre d'art est la fleur immortelle qui pousse sur sa tige.

Au point de vue ésotérique, où nous nous plaçons dans cette étude, *Lohengrin* a une importance capitale dans l'œuvre de Richard Wagner. Car c'est avec ce drame qu'apparaît, pour la première fois, dans la poésie et dans l'art moderne *le type de l'initié*. Ce type se présente ici sous le voile de la légende, mais ce voile est assez transparent pour laisser deviner ses traits et percer le rayon qui émane de sa face.

Ce type n'est pas une invention de Wagner. Il sort d'une tradition immémoriale, dont le Graal est la forme chrétienne. La légende du Saint-Graal se forma à l'époque des croisades, où des ordres moitié laïques, moitié religieux, se fondèrent pour conquérir le Saint-Sépulcre et défendre la chrétienté contre l'Islam. Mélange d'éléments celtiques, germaniques et chrétiens, on peut y voir la plus fine fleur de la chevalerie. Par le fond comme par la forme, elle est hautement mystique, avec un caractère si libre et si hardi, qu'elle se distingue nettement des œuvres inspirées et protégées par l'Église officielle. On peut croire que l'idée mère de la légende du Graal fut suggérée au peuple par les chevaliers du Temple ou par les frères de Saint-Jean, qui eurent une doctrine secrète, suspecte à l'Église. On sait que l'ordre du Temple fut exterminé dans toute l'Europe, en l'année 1314, sous prétexte d'hérésie, en réalité à cause de ses immenses richesses, sur l'initiative du roi de France Philippe le Bel et avec la complicité du pape Clément V. Si ces moines guerriers ne créèrent pas la légende, il est visible que les trouvères s'inspirèrent de leur ordre pour la construire et que le symbole central leur fut communiqué par un initié.

On racontait donc qu'au fond de l'Orient se dressait, sur une montagne inaccessible au vulgaire, le Temple splendide de Montsalvat. Là de purs chevaliers gardent le Saint-Graal, le vase sacré, dans lequel jadis Joseph d'Arimathie reçut le sang du Christ et dans lequel Jésus consacra le pain et le vin avant sa mort. Ce vase, pareil au vase symbolique de la sagesse dans la tradition druidique et galloise, renferme une liqueur qui confère une science divine et des pouvoirs surhumains à ceux qui en boivent. Toutefois, pour que le Saint-Graal conserve ses vertus, il faut que la colombe du Saint-Esprit descende sur lui tous les ans et lui infuse à nouveau la force de l'irradiation céleste en planant sur la coupe. Ce symbole est une évidente transformation du sacrement de l'eucharistie qui forme le cœur du culte chrétien. Mais remarquons ce qui distingue le sacrement du Graal du sacrement romain et canonique, car cette distinction constitue la différence radicale entre la vérité selon la doctrine ésotérique et la vérité selon l'Église, entre la religion des initiés et la religion populaire. Les chevaliers de Montsalvat ne trouvent la montagne et n'entrent dans le sanctuaire qu'après mainte épreuve et de prodigieux efforts. De plus, les vertus merveilleuses du Graal (lisez : de la science secrète) ne durent que si la colombe céleste (symbole de l'inspiration) descend tous les ans sur la coupe pour la féconder à nouveau. Dans le sacrement conféré par l'Église, le salut est une chose extérieure et résulte d'un fait matériel. Pour l'obtenir, la foi aveugle au dogme et la soumission absolue à l'Église suffisent. Pour les chevaliers de Montsalvat, au contraire, le salut est le fruit d'une conquête. La grâce ne répond qu'à l'effort. *La foi devient la connaissance*, une vue directe de la vérité. Et cette vérité n'est pas un dogme imposé du dehors, c'est une *initiation*, c'est-à-dire une *révélation intérieure* et individuelle. Mais si éclatante et si forte est cette vérité de l'âme, qu'elle unit ceux qui l'ont une fois perçue d'un lien indissoluble et les consacre frères et combattants pour la même cause.

Les historiens littéraires n'ont aperçu jusqu'à ce jour dans le Saint-Graal qu'un jeu d'imagination ou une glorification de la doctrine catholique. On voit à quel point son sens profond éclaire sa signification historique et grandit son importance. La légende du Saint-Graal ne signifie rien moins qu'un retour à l'idée grandiose et féconde de l'initiation, qui implique *la révélation continue dans l'humanité par une élite*. Cette idée, qui formait la base des mystères antiques, subsista dans les premières communautés chrétiennes jusqu'à la fin du IIIe siècle. Elle disparut totalement de l'Église, elle fut même honnie, comprimée et persécutée sous toutes ses formes à partir de saint Augustin. Pourquoi ? Parce qu'à l'initiation et à la révélation personnelle saint Augustin substitua la foi aveugle et l'autorité absolue de l'Église. La rentrée de l'idée ésotérique dans le monde occidental, voilà ce que signifie la légende du Saint-Graal. Les créateurs du symbole en connurent certainement le sens et le lancèrent dans le monde pour propager l'idée. Ceux qui le reçurent et le développèrent, les trouvères français et les *Minnesinger* allemands, les Chrestien de Troye et les Wolfram d'Eschenbach n'en eurent peut-être qu'une conscience vague. Mais c'est la vertu en quelque sorte magique des symboles bien faits d'agir sur les âmes par la puissance génératrice de l'image, sans que l'idée qu'elle revêt soit énoncée.

La légende de Lohengrin, qui se rattache à celle du Saint-Graal, remonte au XIVᵉ siècle. Elle naît à l'époque où l'esprit individualiste s'éveille en Occident par le mouvement des villes libres. On y trouve une nouvelle traduction de l'idée ésotérique par la poésie, traduction déjà plus humaine et plus voisine de la compréhension générale par son côté sentimental et pathétique. On racontait que, dans un pays limitrophe des mers du Nord, une fille de roi avait été injustement accusée d'un crime et devait, pour cette raison, être dépossédée de son royaume. Un chevalier inconnu arrive sur une barque traînée par un cygne. Il se porte comme défenseur de l'accusée et prouve son innocence en terrassant l'accusateur en un combat singulier, puis il épouse la princesse qu'il a délivrée et gouverne son royaume. Toutefois l'étranger a mis une condition à ce mariage, c'est que jamais sa femme ne lui demandera son origine et son nom. Elle le promet ; mais bientôt, poussée par une invincible curiosité, elle enfreint sa promesse et le commandement de son époux. Alors le sauveur inconnu dit adieu à sa femme et part comme il était venu. Il remonte sur sa nacelle traînée d'un cygne et disparaît pour toujours sur les flots de la mer. Les chroniqueurs du XIVᵉ siècle affirment que ce chevalier était un envoyé du Saint-Graal.

La mise en œuvre de cette légende par Wagner dans son *Lohengrin* est d'une intuition merveilleuse, car elle peut être considérée comme une représentation fidèle de la mission de l'initié dans le monde. Le sanctuaire n'apparaît que de loin, mais il est présent dans la personne du chevalier au cygne. La vérité sublime, dont le temple a la garde, se révèle ici par la grandeur de son envoyé, par le mystère qui l'enveloppe et par son action sur les âmes.

La nature supérieure de Lohengrin se marque dès son arrivée au milieu de l'assemblée guerrière présidée par le Roi, où va se livrer le combat qui décidera du sort d'Elsa. Elle se trahit dans son « adieu au cygne aimé » qui l'a amené. Dans cette mélodie passe, comme un soupir, la félicité céleste déjà voilée de mélancolie terrestre, l'atmosphère des régions sublimes d'où il descend pour remplir son message. La hauteur de l'initié se dessine mieux encore dans la fière défense qu'il adresse à sa protégée : « Jamais ne m'interroge, ni ne cherche à savoir le pays d'où je viens, ni mon nom, ni ma race ! » Mais lorsque Elsa se jette à ses pieds, dans un élan de foi et d'amour, quel éclair de joie, quelle tendresse passionnée dans le cri de Lohengrin : « Elsa, je t'aime ! » Puis, quand Lohengrin reparaît en ce même endroit pour répondre à la question fatale de sa femme, quand il révèle son origine, quand il parle de son père et des mystères du Graal, le héros initié se dévoile tout entier. Une lumière surnaturelle sort de sa parole et la splendeur fulgurante du temple de Monsalvat éclate autour de lui par la puissance de l'orchestre. Nous avons la sensation d'une révélation foudroyante. Cette lumière, qui s'étend autour du chevalier du Graal en cercles grandissants et qui sort de son verbe, le met à part du peuple en armes qui l'environne, du Roi, d'Elsa, de tous. Elle l'isole en l'élevant. Forcé par la question de sa femme, il en a trop dit. On sent que désormais il ne peut plus rester dans ce monde-là. Le charme est rompu ; la puissance qui devait agir sous le voile du mystère est brisée. Il faut qu'il rentre dans la solitude de Montsalvat auprès de ses égaux.

Si la fermeté de Lohengrin représente, dans ce drame, l'action de l'initié dans le monde, l'aimante et flottante Elsa représente admirablement l'âme humaine dans son aspiration à la vérité. Vraie fille d'Ève, sœur charmante de Psyché, curieuse et songeuse, elle a eu la force de pressentir son sauveur et de l'attirer. D'avance, elle a vu son chevalier dans son rêve, mais, quand il vient, elle n'a pas la force de le retenir. Sa foi est intermittente. Elle oscille entre l'extase et la crainte. Sous les insinuations perfides d'Ortrude, génie de la haine et de l'envie, elle a laissé le soupçon s'insinuer dans son cœur. En peu de traits, mais d'une main sûre, le poète nous montre comment le poison du doute et de la curiosité s'infiltre dans ses plus purs sentiments. Elle voudrait connaître le nom du héros pour avoir un privilège sur les autres. Faible qu'elle est, elle s'imagine que le passé de son héros pourrait lui porter malheur. Superbement Lohengrin lui répond : « Du premier regard j'ai cru à ton innocence et ton regard m'a reconnu du premier coup d'œil... Je t'ai prouvé ma noblesse par mon action ; tu dois croire à moi, sans autre preuve ! » Mais la terreur l'aveugle maintenant ; elle veut tout savoir, elle pose la question fatale. Le doute a été plus fort que l'amour. C'en est fait de la foi divine qui unissait la femme aimée à son sauveur. L'abîme est creusé entre eux... il faudra qu'il parte... et Elsa en mourra de douleur. Toutefois le chevalier du Saint-Graal n'aura pas inutilement traversé le monde des apparences. Il y laisse un sillon de lumière avec son souvenir.

Et qu'est-ce que le cygne représente dans ce drame ? Car, ésotériquement, tout y a un sens précis. Selon la légende, si intelligemment mise en œuvre par le poète, Ortrude, la mauvaise magicienne, a changé le frère d'Elsa en cygne pour pouvoir accuser la princesse du meurtre de son frère. Or ce cygne est celui-là même qui amène Lohengrin de Montsalvat pour sauver Elsa. À la fin du drame, Lohengrin lui rend sa forme première. Il sera Prince de Brabant. Cela ressemble à une bizarre imagination de conte de fées. Mais, comme beaucoup d'histoires merveilleuses, ce symbole recouvre une idée profonde. Le cygne, qui, par sa blancheur comme par sa forme ondulée, semble une mélodie visible, était, dans le culte d'Apollon, le symbole de l'inspiration. Il chante, disait-on, au moment de mourir, parce qu'alors, sa nature supérieure se dégage. Dans la tradition des Rose-croix du Moyen Âge, comme dans certains mystères antiques, le cygne représentait un degré de l'initiation, le passage de l'âme inférieure à l'âme supérieure. Le cygne, qui amène Lohengrin par les bouches de l'Escaut aux rives du Brabant, représente donc le disciple fidèle et reconnaissant qui amène le maître auprès de ceux qui ont besoin de lui. Ainsi tout s'accorde pour faire de *Lohengrin* un drame ésotérique aussi profond que lumineux.

II. — LA PÉRIODE PÉSSIMISTE. « L'ANNEAU DU NIBELUNG »

En 1853, Wagner lut un livre de philosophie récemment paru, qu'un de ses amis, le poète allemand Herwegh, lui avait passé. Le livre portait un titre abstrait et rébarbatif : *Le monde comme volonté et comme représentation*. Le philosophe s'appelait Schopenhauer.

Wagner en demeura ébloui. Du premier coup, le philosophe de Francfort l'avait conquis et subjugué. L'emprise dura jusqu'à la fin de sa vie.

La nouveauté de la philosophie de Schopenhauer pour son temps, son succès légitime provient de ce qu'elle fut une transition entre les philosophies qui fondent la connaissance sur le pur raisonnement (telles que Hegel, Kant et les matérialistes Büchner et Moleschott) et une philosophie fondée sur l'intuition directe des choses. « En réalité, toute vérité et toute sagesse réside dans la contemplation, » dit Schopenhauer. Cette contemplation de l'univers, aidée de l'intuition, fait deviner à l'esprit humain les archétypes de tous les êtres qui se cachent derrière leurs imparfaites copies matérielles. De là la supériorité du grand art, qui voit l'âme des choses et leur ensemble, sur les sciences particulières, qui ne voient que leur apparence et leur détail. Telle la partie profonde et féconde de Schopenhauer. Sa partie superficielle et stérile réside dans sa définition de « la chose en soi » ou de « la volonté de vivre » conçue comme principe de l'univers. Son erreur consiste à voir dans l'instinct aveugle l'origine du grand Tout, alors qu'il n'est qu'une des manifestations inférieures de la nature de l'homme. Son étroitesse est de refuser à l'univers le principe de sagesse inhérent à l'Âme et à l'Esprit, qui sont les modeleurs de tous les mondes petits et grands. De là le pessimisme primordial et final de ce philosophe. Le monde, pour Schopenhauer, est mauvais en principe et ne peut aboutir qu'au mal et à la souffrance. Il ne devient supportable que par la pitié et par l'art. Le seul moyen de le rendre parfait serait de le supprimer pour arriver à l'inconscience finale. Sombre conclusion de belles prémisses ; un portique de marbre donnant sur un abîme noir et sans fond, voilà cette philosophie. En somme, Schopenhauer est platonicien en esthétique, bouddhiste en morale et presque matérialiste en métaphysique.

Il est facile de voir ce qui séduisait Wagner dans ce système. Il y trouvait des arguments pour son esthétique et une confirmation de ses expériences intimes. La souveraineté de l'intuition par rapport aux autres facultés répondait à ses propres perceptions. La supériorité de l'art sur la science et la religion flattait son orgueil. Enfin la définition géniale de la musique comme une métaphysique inconsciente, comme une expression concentrée de l'âme du monde, acheva de le charmer. Il adopta aussi le pessimisme du philosophe, et sa grande œuvre de cette période en porte la trace, mais nous verrons combien elle dépasse la philosophie de Schopenhauer par les idées qu'elle renferme et par l'esprit qui s'en dégage.

J'arrive donc à l'*Anneau du Nibelung*, construction centrale et colossale de l'œuvre wagnérienne, pour tâcher d'en tirer la quintessence ésotérique. Les quatre drames de la tétralogie, l'*Or du Rhin*, la *Walkyrie*, *Siegfried*, le *Crépuscule des Dieux*, qui forment un tout indissoluble, nous offrent en réalité le spectacle d'une cosmogonie. Car nous passons du monde des dieux et des demi-dieux à celui des héros et des hommes. Chemin faisant, nous entrons dans le laboratoire du Cosmos, car nous voyons la naissance de l'homme dans la pensée divine, nous suivons sa destinée tragique, et avec sa fin nous entrevoyons aussi la fin des Dieux. Nous assistons donc à la création et à la fin d'un monde. De l'œuvre gigantesque je ne veux détacher ici que les idées maîtresses, qui se personnifient dans Erda, dans Wotan et dans Brunhilde.

Dans l'*Or du Rhin*, où s'échafaude la hiérarchie des forces en action dans l'univers, esprits de l'onde et du feu, de la terre et du ciel, nous voyons le mal entrer dans le monde avec l'or forgé par le pouvoir de la haine. Les dieux eux-mêmes en sont complices, car ils ont eu besoin de l'or pour payer le travail des géants, constructeurs du Walhalla. À ce moment, une déesse inconnue, d'une beauté grave, apparaît dans une caverne et dit au maître des dieux, Wotan, ces paroles solennelles :

> *Je sais comment tout était, — comment tout devient, —*
> *et je sais aussi comment tout sera. — Je suis la Mère*
> *primordiale — du monde éternel.*
> *Tout ce qui est — finit. — Un sombre crépuscule*
> *menace les dieux. — Laisse, laisse l'anneau !*

Idée transcendantalement ésotérique : Erda représente l'Âme du monde, manifestée par l'Âme de la terre. Elle se dit « la Femme éternelle, la Sagesse originaire, la Dormeuse voyante. » En elle résident les Archétypes, les modèles de tous les êtres, d'après lesquels travaillent les dieux dans l'éternelle élaboration des mondes. Cette idée d'une âme universelle, contenant les principes de tout, antérieure à tous les dieux particuliers, qui travaillent dans une sphère déterminée, est certainement une des plus profondes conceptions de la doctrine ésotérique. Wagner l'a merveilleusement pressentie et formulée. C'est avec Erda que Wotan engendrera Brunhilde, la femme héroïque et sachante, comme si le poète avait voulu nous dire que l'âme humaine est la filtration quintessenciée de l'âme universelle et son résumé conscient.

La lutte entre Wotan et sa fille, entre le Dieu créateur et l'âme consciente, fait le fond de la Walkure. Ici Wagner a creusé d'une façon singulière l'un des grands arcanes des mythologies aryennes. Dans toutes ces mythologies, nous rencontrons la lutte du Dieu créateur avec les esprits inférieurs, qui sont généralement les esprits du feu ou les esprits lucifériens, au sujet de l'homme qu'ils se disputent. Dans la mythologie hindoue, c'est la lutte d'Indra et des Asouras. Chez les Persans, c'est la lutte d'Ormuz et d'Arimane. Chez les Grecs, c'est la lutte de Jupiter avec les Titans. Dans la tradition judéo-chrétienne, elle est à peine indiquée, mais se trahit néanmoins dans la lutte de Jéhova et de Lucifer. Toujours le Dieu créateur veut maintenir la créature sous son joug, tandis que son ministre, l'ange rebelle, le démon veut l'affranchir, lui donner les pouvoirs divins avec la connaissance et la liberté, et par eux le pouvoir de créer à son tour, de devenir dieu lui-même à sa façon, c'est-à-dire une âme immortelle participant à la divinité.

L'originalité de Wagner, en reprenant ce thème avec les moyens agrandis de son art synthétique, consiste dans le fait d'avoir transporté le conflit initial dans la conscience même du Dieu créateur et de nous avoir montré les conséquences de cette lutte intérieure dans la destinée de sa progéniture qui se révolte contre lui. — Wotan, qui rêve le héros libre, s'est uni à une simple mortelle. De cette union clandestine est né un couple de jumeaux. Séparés dès leur enfance par des hordes barbares, ils se retrouvent plus tard et s'aiment d'amour. L'homme errant et désespéré trouve l'épée victorieuse que le Dieu a cachée pour lui dans un trône d'arbre et enlève sa fiancée au joug d'un maître détesté. Wotan veut soutenir son fils jusqu'au bout, mais sa femme Fricka (la Junon Scandinave) lui démontre sans peine que ce prétendu héros n'est pas libre, qu'il n'agit qu'en instrument docile sous l'instigation de son père. Wotan suivra-t-il l'élan de sa sympathie et son désir ardent du nouveau, de l'inconnu, ou bien se conformera-t-il à la loi qu'il a établie lui-même ? Il prend ce dernier parti. Mais Brunhilde, la compagne intrépide de ses combats, la confidente de ses desseins les plus secrets, Brunhilde, l'âme consciente du grand amour, ne peut s'y décider. Après avoir vainement essayé de donner la victoire à Siegmund, dont Wotan brise l'épée avec sa lance, elle enlève la femme du héros mort sur son cheval et la cache dans une forêt impénétrable. Elle sait que la malheureuse est enceinte et que là elle mettra au monde le plus fier des héros, — Siegfried, — l'homme libre.

Alors s'engage le combat entre le dieu irrité et sa fille, qui s'est réfugiée au milieu de ses sœurs affolées, dans un bois de sapins, au sommet d'une montagne. Wotan furieux, qui chevauche la tempête, fond sur Brunhilde au rocher des Walkures, l'accable de son mépris et la fait tomber demi-morte à ses pieds en lui annonçant qu'il l'endormira sur place et qu'elle sera la proie du premier venu.

> *Tu n'es plus la vierge de mon désir ; car tu as désiré contre moi.*
> *Tu n'es plus la vierge au bouclier ; car tu as brandi ton bouclier contre moi.*
> *Tu n'es plus la Walkure qui choisit les destinées ; contre moi tu as choisi le destin.*
> *Tu n'es plus l'excitatrice des héros ; car tu as excité les héros contre moi...*
> *Dis-toi toi-même ce que tu es encore !*

La réponse de Brunhilde dévoile toute la grandeur de son âme :

BRUNHILDE. — J'ai exécuté ton ordre tel que tu me l'as donné lorsque tu étais le maître du combat, lorsque Fricka ne t'avait pas encore rendu étranger à toi-même. Je ne suis pas savante, mais je savais une chose : que tu aimais Siegmund. J'entendis la détresse sacrée du héros, la plainte de ce vaillant résonna dans mon cœur, la douleur éternelle du plus libre amour, le défi tout-puissant du désespoir. Et mon cœur palpita au plus profond de moi-même. Étonnée et craintive, je rougis de honte. Je ne pouvais plus penser qu'une chose : servir le héros, partager la victoire ou la mort avec Siegmund. Quel autre destin pouvais-je choisir ? Je suis restée fidèle à Celui qui m'a inspiré l'amour pour le héros.

Voilà pourquoi j'ai bravé ton commandement.

WOTAN. — Si ton humeur est si légère, sois donc la proie du premier venu qui trouvera la dormeuse au bord de la route.

BRUNHILDE. — Ne déshonore pas ainsi l'éternelle moitié de toi-même !... Si le sommeil vainqueur doit m'enchaîner, ne m'abandonne pas, comme une proie facile, au lâche. Que la dormeuse soit protégée par un puissant épouvantail. Que seul un héros libre et sans crainte puisse me trouver sur ce rocher !... Qu'à ton commandement jaillisse un feu. Qu'il roule comme une mer ses flammes vivantes autour du rocher. Que sa langue lèche, que sa flamme dévore le lâche audacieux qui tenterait d'escalader la roche flamboyante !

À ce cri de la Walkure, Wotan a reconnu sa fille. Il est vaincu. La vierge aimante l'emporte sur le Dieu inflexible, la puissance de l'Amour sur la loi rigide. Résolu à l'inévitable séparation, mais ébranlé jusqu'au fond de son être, le dieu du Walhalla ouvre ses bras à Brunhilde. Elle s'y laisse tomber ; il l'y presse pour la dernière fois. Après un long et douloureux regard dans ces yeux aimés qu'il ne reverra plus, il les scelle de ses lèvres et plonge sa fille dans un sommeil magnétique, profond comme la mort. Endormie par le baiser d'un Dieu, elle ne se réveillera que sous le baiser d'un héros. Alors elle ne sera plus déesse, mais femme. Ceci est peut-être le moment le plus sublime de ce drame grandiose de la Tétralogie, celui où le divin et l'humain se fondent d'une puissante et chaste étreinte. La symphonie qui l'accompagne en exprime l'ivresse de sa magie enveloppante. Le motif enchanteur du sommeil se répand en larges ondes sur le feu vivace et crépitant. Il le dompte sous la caresse de son rythme impérieux et doux. À la fin, éclate une fanfare héroïque, et comme un géant se dresse, sur la mer de flammèches éthérées, le motif triomphal du héros futur, de l'éveilleur de la Walkure.

Un tel tableau, accompagné d'une telle musique, n'a pas besoin de commentaire. Mais il importe ici de préciser le sens ésotérique de l'antique légende Scandinave si puissamment élargie par la vision vibrante de Wagner. Qu'est-ce que ce feu dont Wotan entoure la vierge guerrière comme d'un rempart pour la défendre ? Il a plusieurs sens. Le feu, personnifié dans le drame par le dieu Loge, représente le feu principe, qui est un des éléments essentiels de la création, feu éthéré et subtil, dont le feu physique n'est que la résultante sur le plan matériel. Ce feu qui entoure la vierge Brunhilde, la déesse devenue femme, ou, pour parler plus clairement, l'âme qui s'incarne dans le corps physique, devient ici l'*aura* humaine, le rayonnement du corps astral qu'aperçoivent les voyants, avec ses colorations multiples et changeantes qui correspondent au jeu des passions et des sentiments. Cette *aura* agit magnétiquement même sur ceux qui ne la voient pas. Elle est le principe des antipathies et des sympathies involontaires. On imagine donc aisément que, chez une nature aussi forte que Brunhilde, l'*aura* donnera la sensation d'un feu dévorant et qu'un homme sans peur osera seul la braver par la puissance de son désir. Telles sont, pour l'occultiste, les concordances psychiques et cosmogoniques du mythe et de la grande poésie avec la science.

Cette scène finale de la *Walkure* fait penser à l'incarnation d'une âme, aperçue d'une sphère supraterrestre et dirigée par un puissant esprit. Elle produit un effet d'ordre magique, une émotion surhumaine que le spectateur impressionnable traduit souvent par ces mots : « Je me suis senti transporté dans un autre monde. » J'ai tâché de montrer le pourquoi de cette impression unique dans le théâtre moderne. De ce tableau si profondément ésotérique passons à la dernière scène du

Crépuscule des Dieux, qui forme la conclusion de la Tétralogie et nous présente la mort de l'héroïne. Ici Schopenhauer a imprimé son sceau. C'est peut-être le seul endroit de l'œuvre de Wagner, où le poète ait vraiment subi le philosophe. Brunhilde, trahie par Siegfried, l'a fait tuer par Hagen et jette une torche allumée dans le bûcher du héros, où elle va se précipiter elle-même. Alors d'une voix solennelle elle annonce l'incendie du palais des Dieux. Ils vont finir avec elle. Mais la femme consciente, qui maintenant a vu le fond des choses à travers sa douleur, proclame devant tous son testament.

BRUNHILDE. — *La race des Dieux a passé comme un souffle. Je laisse le monde sans guide. Mais je lègue aux hommes le pur arcane de ma science sacrée. Ni la terre, ni l'or, ni maison, ni cour, ni pompe seigneuriale, ni les liens trompeurs des pactes humains, ni la dure loi des mœurs hypocrites — ne donnent le bonheur. — Dans la peine et la joie, il n'est de félicité — que dans l'Amour* !*

Cette fin est saisissante et dramatique, mais elle n'offre à l'humanité future d'autre perspective que l'anarchie. Quoi ? Dans le raccourci grandiose de ses quatre drames, le poète nous a fait pressentir toute révolution planétaire. De sa main de Titan, il a fait sortir l'homme et l'âme humaine d'un monde de splendeur et de vérité. Il les a cueillis dans la pensée même du Dieu créateur et dans le rêve de l'âme universelle, il les a pétris et moulés dans le fleuve des éléments pour les conduire à leur sommet de conscience et de fierté, — et tout cela n'aurait servi qu'à les engloutir dans le néant ? On nous dit que tous les dieux sont morts, que tous les cadres s'écroulent, que vaines sont toutes les lois et vains les pactes et les serments, et on ne laisse surnager, — sur ce chaos de destruction, — que l'amour sans guide, sans soleil et sans Dieu ? Le mythe Scandinave parlait lui aussi d'un

---

* L'influence de Schopenhauer est d'autant plus évidente dans ce morceau, que, dans la première version de l'œuvre, *la Mort de Siegfried*, publiée au tome II des *Œuvres complètes*, Brunhilde tient un tout autre langage. Là elle annonce qu'après avoir été consumée par le feu avec Siegfried elle le présentera à Wotan et qu'ainsi le héros, l'héroïne purifiés délivreront le Dieu de la malédiction qui a pesé sur lui et sur eux. Or cette conclusion date d'une époque où Wagner ne connaissait pas encore Schopenhauer.

Crépuscule des Dieux, mais il les fait renaître et les transfigure dans un nouveau Walhalla, avec une autre terre et d'autres cieux. Il suffit de formuler la conclusion de la cosmogonie wagnérienne, pour se dire que Wagner ne l'a pas écrite avec sa conscience supérieure de poète-voyant, mais avec sa conscience inférieure de penseur désespéré, influencé par Schopenhauer. Car c'est bien là le dernier mot de cette philosophie pessimiste. À ses yeux le monde et l'humanité ne sont qu'un perpétuel et fatal avortement, et la seule espérance est de mourir en beauté pour ne plus être après…

L'auteur de *Lohengrin*, le créateur de cette magnanime Brunhilde, pouvait-il en rester là ? Nous allons le voir rebondir de ce gouffre et gravir sa dernière cime avec *Parsifal*.

III. — LA PÉRIODE CHRÉTIENNE. — « PARSIFAL »

Après son établissement à Bayreuth et l'inauguration de son théâtre jusqu'à sa mort (de 1876 à 1883), Wagner est repris, plus que jamais, par l'inquiétude philosophique. Du paganisme pessimiste il revient au christianisme et à ses espérances consolantes. La question religieuse, l'avenir de l'humanité, ces problèmes l'assaillent et le tourmentent*. Mais le philosophe hirsute, à l'œil aigu, à la bouche amère, Schopenhauer est toujours là. Il lui chuchote à l'oreille ses terribles maximes : « L'homme est une bête sauvage. — L'espérance est la folie du cœur. — Au lieu d'identifier la nature avec Dieu, comme les panthéistes, on ferait bien mieux de l'identifier avec le diable. » Contre ces dogmes affligeants la nature intime de Wagner proteste. Il s'ingénie à les réfuter, il se chagrine l'esprit pour trouver des arguments. Finalement, il s'arrête à celui-ci : « La négation de la volonté de vivre suppose le plus haut degré d'énergie, » et « celui qui connaît son mal est maître de son salut. » Faible consolation, car, pour guérir d'un mal, il ne suffit pas de le connaître, il faut encore trouver le remède. Or Wagner avoue mainte-

---

* Voyez *Art et Religion, Héroïsme et Christianisme*, etc., dans le tome X des *Œuvres complètes*.

que l'art à lui seul ne peut suffire à la régénération de l'humanité. Elle ne pourrait s'opérer, dit-il, que sur la base d'une vraie religion. Et cette religion, non seulement il ne la voit pas dans notre religion corrompue, mais il ose à peine l'espérer pour l'avenir. C'est que, pour croire à la régénération de l'humanité, il faudrait réédifier ce monde divin qu'il avait fait crouler d'une poigne si formidable dans le *Crépuscule des Dieux*. Mais, ce dont le penseur est incapable, le poète-musicien le tentera dans *Parsifal*, et ce sera la dernière, mais éclatante victoire du voyant intuitif sur le raisonneur impuissant.

Qu'est-ce donc que *Parsifal* ? Un retour à la légende du Graal et, par elle, à l'idée de l'initiation. Seulement, au lieu de nous montrer le temple de loin, en perspective, il va pénétrer au cœur du sanctuaire. Car *Parsifal* nous présente *le drame même de l'initiation en trois actes* : Ier acte : la Préparation ; IIe acte ; l'*Épreuve* ; IIIe acte : l'*Illumination* et la *Maîtrise*.

L'enfant a été élevé dans un désert, au fond d'une forêt. Sa mère Herzeleide (traduction allemande du nom significatif de Douloureuse qu'elle porte dans les romans français) l'idolâtre et le garde jalousement. Son fils grandit dans la solitude, au milieu des oiseaux et des bêtes du bois ; il ne sait rien du monde et des hommes. Elle espère qu'ainsi il n'ira pas, comme son père Gamuret, se faire tuer dans les combats d'aventure. Mais nul n'échappe à sa destinée, et tout ce qu'on fait pour la fuir vous y rejette plus violemment. Rien ne peut empêcher l'adolescent d'obéir à son besoin d'action. Ayant rencontré un jour des chevaliers aux armures étincelantes, il veut les suivre et devenir comme l'un d'eux. Pris du désir de la gloire, il quitte sa mère éplorée sans autre arme que son arc et ses flèches. Parsifal est « le simple et le pur, » mais cette appellation, que l'oracle du temple donne à son roi futur, ne dit pas toute la nature de Parsifal. Avec l'innocence et le courage, il a le don de la pitié ou de la *sympathie*. Elle va chez lui jusqu'au pouvoir de revivre en lui-même la souffrance des autres et d'en percevoir la cause. Cette faculté renferme donc en germe la *compréhension*. Bien au-delà des sensations physiques et bien au-dessus de la raison, elle remonte aux sources spirituelles de l'âme. Elle devient ainsi le germe de l'*intuition* et de la clairvoyance, par suite le moyen essentiel de l'initiation aux vérités suprasensibles. Voilà ce que Wagner montre admirablement dans la manière dont il nous présente son héros. Lorsque Parsifal, ignorant encore de tout, arrive dans le domaine du Graal, il tue innocemment un cygne d'un coup de flèche. Gurnemanz, le gardien du temple, lui montre l'oiseau mourant, son plumage de neige taché de sang et son regard brisé. Parsifal ému détourne la tête, brise son arc et le jette avec horreur. C'est sa première révélation, car c'est, dans son âme juvénile, le premier frémissement de l'âme universelle qui relie tous les êtres. Gurnemanz l'emmène dans le temple et le fait assister à la cérémonie du Saint-Graal. Le novice étonné entend le son des cloches profondes, il voit les chevaliers vêtus de blanc arriver sous la coupole, il voit le sang du Christ reluire dans la coupe de cristal et inonder de ses rayons l'assemblée des preux. Parsifal, comme emporté dans un rêve, ne comprend pas. Mais lorsque le roi Amfortas, le roi indigne de sa fonction parce qu'il est impur, pousse sa plainte désespérée, le nouveau venu porte subitement la main à son cœur qui se contracte sous l'étreinte d'une souffrance inconnue. La cérémonie terminée, le bon gardien demande à l'intrus s'il a compris ce qu'il a vu. Parsifal hoche la tête et Gurnemanz déçu le chasse avec humeur du temple. Mais le spectacle merveilleux qui s'est imprimé dans l'âme du jeune homme et la secousse de tout son être qu'il a ressentie devant la douleur d'Amfortas seront le principe de son initiation.

Le second acte, celui de l'*Épreuve*, se passe dans le château de Klingsor, qui s'oppose à la forteresse du Saint-Graal comme un repaire de magie noire, de volupté et de perdition. Il nous met en face du magicien pervers et de la séductrice Kundry. Cette Kundry est une des plus vivantes et des plus originales créations de Wagner, une de celles qui révèlent le mieux la profondeur de sa divination ésotérique. Elle a deux personnalités, deux âmes opposées qui alternent l'une avec l'autre, et lui font mener tour à tour deux existences absolument contraires. Tantôt, sous l'empire du mauvais magicien, qui sait la capter et la faire servir à ses desseins, elle se livre éperdument à ses instincts de volupté et de séduction. Alors superbe, caressante, irrésistible, elle fait tomber les jeunes chevaliers du Graal dans ses filets. C'est elle qui a séduit Amfortas et qui a permis ainsi à Klingsor de lui ravir la lance sacrée. C'est elle qui est chargée de séduire Parsifal, le plus redoutable ennemi de Klingsor, parce qu'il est innocent et pur. Toutefois Kundry n'est ni une courtisane vénale, ni une passionnée vulgaire. À travers ses amours successifs elle aspire à la délivrance. Elle sent instinctivement qu'elle ne trouverait son salut que par celui qui saurait lui résister. Elle le cherche sans le trouver. Devant elle, devant ses charmes, tous les hommes sont faibles et lâches. Le plaisir d'en triompher s'accompagne chez elle de mépris. Quand elle les voit sans force, épuisés à ses pieds, elle est prise d'un fou rire. Puis viennent, aigus comme des flèches, le remords et le repentir. Alors, changeant de costume, d'humeur et de vie, elle va servir les chevaliers du Graal en un sauvage vêtement de bohémienne, leur apportant des herbes et des baumes. Elle obéit ainsi à un besoin secret de réparer le mal qu'elle a fait. Cela dure un temps, puis son autre nature la reprend, le sauvage désir, le besoin de tout oublier dans la sensation. Elle a beau lutter ; un sommeil léthargique la terrasse. Le mauvais magicien en profite pour la ressaisir. Quand elle se réveille, elle est en son pouvoir et prête à recommencer son ancienne vie par une aventure nouvelle.

Cette conception serait remarquable à elle seule comme une mise en œuvre de la personnalité double et de la subconscience, récemment étudiées par la psychologie expérimentale, mais insuffisamment élucidées par elle parce qu'elle en ignore les causes. Or, ce sont précisément ces causes que Wagner met en lumière. Il suppose que cette double nature vient des existences antérieures de Kundry et le dit clairement. Dès le premier acte, Gurnemanz suggère aux jeunes chevaliers qui raillent la bohémienne et lui trouvent des airs démoniaques : « Elle expie peut-être ses vices d'autrefois. » Pour la réveiller, au second acte, Klingsor l'évêque avec les noms qu'elle portait dans d'autres existences. « Hérodiade, Stryge et Rose d'enfer. » Enfin, Kundry se souvient elle-même d'un moment capital d'une de ses vies antérieures, et ce moment incisif est l'axe de toute son évolution. Quand elle veut poursuivre Parsifal, dans le jardin des Filles-Fleurs, après avoir essayé vainement de tous ses sortilèges, elle finit par lui ouvrir son cœur dévasté.

KUNDRY. —... Oh ! si tu connaissais la malédiction qui me chasse à travers la veille et le sommeil, à travers la mort et la vie, la peine et le rire, qui me jette sans cesse à de nouvelles douleurs et me torture sans fin à travers l'existence. Je l'ai vu — Lui — Lui — et j'ai ri... Alors son regard m'atteignit. — Et maintenant je cherche de monde en monde à le retrouver... Au plus fort de la détresse, je crois sentir l'approche de son œil, — et ce regard se poser sur moi !...

Or Lui, c'est le Christ. La musique le dit avec une force poignante en ramenant le thème douloureux et tendre, qui signifie, dans toute l'œuvre, la souffrance de l'homme-dieu. Peut-on être plus transparent ? C'est à travers les dernières profondeurs de la sensibilité et de la conscience que Wagner revient ici à l'idée de la réincarnation, qui, depuis deux mille ans, avait disparu de la religion et de la philosophie occidentale et qui reparaît aujourd'hui, de tous côtés, avec tant de force parmi nous. Oui, l'explication du caractère de Kundry est dans ses vies antérieures, dans son double *Karma* pour me servir de l'expression sanscrite, dans les flux et les reflux violents du mal et du bien qui luttent en elle.

Pourquoi Parsifal trouve-t-il la force de résister à la tentatrice, quoique le charme de la volupté et de la femme l'ait fait tressaillir ? Est-ce par une règle de morale abstraite ? Est-ce pour obéir à un dogme ? Non, c'est parce qu'en recevant le baiser de Kundry, il a eu, avec la révélation de la volupté, la révélation de la douleur d'Amfortas qu'un tel baiser a rendu infidèle à sa mission et livré sans défense au coup de Klingsor qui le blesse avec sa propre lance. Parsifal maintenant sent brûler dans son propre cœur la blessure du roi malade et n'aura ni cesse ni repos avant de l'avoir guéri. Il a surmonté la tentation parce que la sympathie pour la souffrance humaine a été plus forte que le désir de la chair. Par cette domination sur soi, par cette force conquise, « le simple et le pur » aura le pouvoir de sauver en même temps Arafortas, le roi déchu et Kundry, la femme passionnée, qui assouvira enfin son éternel désir dans un amour infini, lorsqu'elle rendra l'âme aux pieds de son vainqueur couronné, dans le temple du Graal.

Dans le dernier acte de *Parsifal*, celui de *la révélation* proprement dite, je ne relèverai que les deux scènes les plus caractéristiques, parce qu'elles expriment deux pensées essentielles du christianisme ésotérique : celle connue sous le nom de *charme du Vendredi saint* et la scène finale de l'illumination du temple par la colombe mystique.

Quand Parsifal, devenu conscient de lui-même et transformé par de longues épreuves, a trouvé Kundry repentante près de la source sacrée, après qu'il l'a baptisée d'eau pure et que Gurnemanz l'a sacré lui-même roi du Graal, avec l'huile parfumée de cette nouvelle Madeleine, prosternée aux pieds de son sauveur, une mélodie d'une extrême suavité s'épanche de l'orchestre. Les fleurs de la prairie embaument sous la rosée, et, toutes rayonnantes d'une grâce nouvelle, ont l'air de regarder le groupe merveilleux. Le vieux gardien du Graal s'écrie : « Ce sont les larmes du repentir qui couvrent la pelouse, et sous cette rosée l'herbe et la fleur relèvent la tête. Toute créature aspire au Rédempteur et tressaille de joie devant l'homme purifié. » Il y a dans cette scène et dans cette mélodie un sentiment ineffable de la résurrection de l'âme par l'amour divin et de l'influence régénératrice que l'homme en possession de toutes ses puissances exerce non seulement sur ses semblables, mais encore sur tous les êtres. Il est remarquable que cette scène fut la première écrite de tout le drame, paroles et mélodie, comme une inspiration spontanée et non préméditée par le poète-musicien, pendant une radieuse matinée de Vendredi saint à Zurich. Car cette idée d'une résurrection de l'âme, dès cette vie, et d'une transformation de toute la nature par l'Amour universel, est la grande nouveauté apportée par le christianisme dans le monde et ajoutée aux révélations précédentes.

La colombe blanche qui descend de la coupole du temple et vient planer, à la fin du mystère, sur la coupe du nouveau roi du Graal, où fulgure le sang du Christ, est le symbole connu du Saint-Esprit, de l'antique Sophia, ou de l'inspiration d'en haut. En éclairant le sanctuaire de sa lumière merveilleuse, il reprend ici le vrai sens que lui ont donné les instigateurs primitifs de la légende du Saint-Graal. Il veut dire que cette inspiration et cette sagesse ne peuvent agir d'une manière féconde sur l'humanité que par un groupe organique d'initiés conscients et constituant le temple spirituel. Au moment où la lumière blanche qui émane de la colombe atteint son plus haut degré d'intensité, illuminant le sanctuaire et l'assemblée, un chœur invisible chante ces paroles : « Rédemption au Rédempteur ! » Cela veut dire que l'esprit du Christ n'est pas toujours où sont ses représentants officiels. Lorsque la tradition languit et se dessèche en leurs mains, l'inspiration passe ailleurs. Le vrai temple est là où règnent la lumière, la liberté, l'amour et l'espérance. Il est là où la nature humaine s'épanouit dans sa pleine harmonie et pousse ses rameaux divins sous la garde de la sagesse et de la charité. C'est donc au temple intellectuel et spirituel de l'initiation qu'ont pensé ceux qui ont lancé dans le monde la légende du Saint-Graal. C'est aussi ce temple que Wagner a glorifié dans *Parsifal* avec son génie divinateur. Nous pouvons ajouter que c'est celui qu'il s'agit aujourd'hui plus que jamais de reconstruire sur des bases nouvelles.

Résumant les aperçus rapides de cette étude je dirai : Wagner offre l'exemple rare d'un artiste dont l'inspiration éruptive et souveraine l'emporte toujours sur les idées préconçues de son temps et sur ses propres doutes. Par là, il a ouvert des brèches lumineuses à travers le rempart épais du matérialisme contemporain sur le vaste royaume de l'âme et de l'esprit. Par là, il a pressenti l'ésotérisme chrétien, qui, en se reliant à l'idée prométhéenne de la Grèce et à la sagesse antique de l'Inde, annonce une ère nouvelle à l'humanité.

Édouard Schuré

LE DRAME MUSICAL ET L'ŒUVRE DE RICHARD WAGNER

REVUE DES DEUX MONDES, 2E PÉRIODE, TOME 80, 1869

Depuis plus de vingt ans, M. Richard Wagner* soutient en Allemagne une lutte ouverte contre l'ancien opéra. Le combat dure encore, et n'a cessé de passionner tout le public des arts et des lettres. L'ardeur et la persévérance de l'artiste, le succès croissant de ses œuvres, les tempêtes même qu'elles ont soulevées, prouvent au spectateur impartial qu'il ne s'agit pas seulement d'une personnalité saillante, d'un talent hors ligne, mais qu'il y a là une idée en jeu. Si cela n'est point, comment expliquer l'enthousiasme orageux qui accueillit l'apparition de *Lohengrin à* Weimar, il y a de cela dix-neuf ans, et les cris de guerre qui partirent aussitôt de tous les camps de la critique ? Dans les régions élevées de l'art, les tentatives du charlatanisme outrecuidant échouent bien vite devant la froideur et l'indiffé-

---

* En bien des circonstances, notamment à l'occasion du Tannhäuser à l'Opéra et à propos d'échappées assez irrévérencieuses de M. Richard Wagner sur d'illustres compositeurs, la critique n'a point ménagé ici les avertissements et même le blâme au musicien allemand. Voici cependant d'un partisan de M. Richard Wagner une étude sur son œuvre que nous n'hésitons point à publier, fidèle aux traditions de la Revue de ne jamais écarter une opinion sincère et bien présentée. La critique pourra reprendre sa place un autre jour. Les lecteurs et les artistes gagnent à ces libres discussions.

rence ; c'est le privilège des innovations fécondes de provoquer l'injure et de se heurter à des haines implacables. M. Richard Wagner, disons le mot, est un révolutionnaire radical en fait d'opéra. Voilà ce que tout le monde sait ; mais ce qu'amis et ennemis ignorent généralement en France ou ne soupçonnent que vaguement, c'est le but de cette révolution salutaire ou dangereuse que veut l'artiste, c'est l'idée-mère vraie ou fausse qui préside à ses œuvres, pour laquelle il n'a cessé de se battre comme poète et comme compositeur, comme chef d'orchestre et comme écrivain, pour laquelle il dépense depuis trente ans toute l'énergie d'un tempérament fougueux et indomptable, si bien que cette idée réformatrice s'est incarnée en lui, et que son nom est devenu un drapeau. La représentation des *Maîtres chanteurs*, œuvre originale et intéressante de tout point, est une occasion nouvelle de regarder en face un homme trop souvent jugé à la légère et qui dès l'abord commande une attention sérieuse par de rares qualités : l'amour du grand art jusqu'au fanatisme, le courage de son opinion jusqu'au bout, enfin une vie entière consacrée à une idée. Jugeons cette idée par la dernière œuvre qu'il vient d'offrir à l'Allemagne, voyons les sentiments qui la remplissent, les personnages qui la soutiennent, la pensée qui l'anime, le rôle que joue la musique dans le dessin des caractères et dans le développement de l'action. Il sera temps de nous demander ensuite si nous sommes en présence d'une œuvre hésitante, inégale, sillonnée seulement par des éclairs de génie, ou d'un véritable drame musical franc d'allure, sûr dans sa marche et allant droit au but. Avant de parler des *Maîtres chanteurs*, il est juste de jeter un coup d'œil sur le chemin où le compositeur s'est résolument engagé dès son début. En esquissant brièvement et dans ses traits les plus généraux une des vies d'artiste les plus aventureuses et les plus caractéristiques de ce temps, notre intention est non-seulement de peindre l'homme au vif, mais de placer ses œuvres sous leur vrai jour. M. Richard Wagner est le champion d'une idée. On ne juge bien une idée qu'en la voyant naître et un combattant qu'en le voyant lutter.

I

Si jamais carrière de musicien fut orageuse, c'est la sienne ; si jamais poète dramatique a poursuivi son idéal à travers les obstacles et les déceptions, c'est lui. Richard Wagner est une de ces natures passionnées, impérieuses, absolues, qui portent dans l'énergie de leurs instincts la fatalité de leur développement. Sa voie frayée, il a marché jusqu'au bout sans broncher un instant avec une conviction inébranlable et une foi toujours grandissante. De là l'intérêt dramatique qui s'attache à cette vie d'artiste militant, de là aussi dans ses œuvres un enchaînement étroit, une progression saisissante qu'on chercherait vainement chez d'autres maîtres contemporains.

Richard Wagner est né à Leipzig en 1813. Son adolescence tombe donc dans la période tourmentée de 1830. À cette époque, toutes les jeunes têtes fermentaient sous l'influence de mille idées qui flottaient dans l'air. Grande agitation dans la littérature, grande effervescence dans les arts ; peintres, poètes, musiciens, tous veulent innover, revenir aux sources, créer à nouveau. En France, il y avait deux camps, les classiques et les romantiques ; en Allemagne, on en comptait dix, vingt, cent, autant d'écoles que de talents, mais plus un seul de ces esprits qui impriment leur cachet à une époque en la dominant, car Goethe avait quatre-vingts ans, et, comme dit Mme de Staël, le temps l'avait rendu spectateur. Sur le théâtre, la décadence est visible, et le public a plus de goût pour les mélodrames de l'école de Kotzebue et d'Iffland que pour les chefs-d'œuvre de Schiller et de Goethe. En musique, les goûts sont très divers ; mais avant tout on a soif de nouveautés. Les symphonies classiques, le grand opéra italien, l'opéra-comique français, enflamment à tour de rôle les imaginations. Beethoven fait fureur à côté de Bellini, Weber à côté d'Auber. On devine quelles sensations tumultueuses durent envahir l'âme d'un enfant impressionnable né au beau milieu de ce tourbillon. Il grandit dans cette atmosphère brûlante, et la fièvre du siècle entra dans ses veines. Tous les courants d'idées agirent sur lui ; mais, chose remarquable, aucun ne l'en traîna. À l'âge de six mois, il perdit son père, et, sa mère le laissant très libre, il fut livré de bonne heure à lui-même. L'enfant, indisciplinable, volontaire et fantasque, ne subit aucun joug. À l'école, il ne travaillait que lorsqu'une chose l'enthousiasmait, alors avec quel entrain ! Quant à son répétiteur de piano, il l'envoya promener, lui déclarant qu'il voulait apprendre la musique à sa manière. Les représentations théâtrales de Dresde le laissèrent assez froid ; il n'y trouva, dit-il, que des comédiens fardés, non des hommes. Par contre, les tragédies d'Eschyle et de Sophocle, qu'il traduisait à son *gymnase*, l'émurent profondément. Cette image du théâtre antique avec ses héros et ses demi-dieux, avec ses chœurs d'une majesté religieuse, son vaste amphithéâtre et tout un peuple attentif, se grava dans sa mémoire et ne le quitta plus. Dès lors, sa vocation pour le drame s'affirma très énergiquement. Elle lui venait non de l'observation du monde réel, mais d'une émotion poétique intense, d'un élan passionné vers un idéal entrevu et du besoin de le manifester dans tout son éclat, en un mot, de le mettre en action. Chez lui, pas trace de langueur sentimentale, de lyrisme maladif. Dans ses rêves d'adolescent, il voit flotter devant lui des êtres étranges, fées radieuses, héros sublimes, âmes débordantes d'amour. Le contraste de ces visions éblouissantes avec la réalité provoque chez lui non cet abattement qui chez la jeunesse succède le plus souvent aux rêveries solitaires, mais un fier sentiment de révolte et de défi. Ces visions sont sa réalité à lui ; il y croit, il en parle à ses amis, et déjà les voit marcher sur la scène, Aspiration profonde vers un monde idéal et besoin irrésistible de le faire voir aux autres, intensité nerveuse, ardeur de l'âme dans la conception et sauvage énergie dans l'enfantement, voilà les deux forces qui frappent le plus dans cette organisation d'artiste. À quinze ans, il écrivait drame sur drame, et ses camarades ne voyaient en lui qu'un poète en herbe.

Un soir, il entend une symphonie de Beethoven, il écoute et reste fasciné. Cette musique l'étonne, le trouble, le remue de fond en comble, le transporte ; pour un tempérament musical en effet, les symphonies de ce géant de la musique sont la plus étourdissante des révélations. Un élève sculpteur qui n'aurait jamais vu que les timides créations de la statuaire moderne et qu'on placerait à l'improviste devant les marbres tragiques de Michel-Ange n'éprouverait pas un tel saisissement. Quelle langue, fût-ce la langue d'Homère, a fait parler les voix de la nature avec une magie plus insinuante que la *Symphonie pastorale*, depuis le murmure du ruisseau jusqu'au fracas de l'orage ? Quel poète a chanté la liberté avec une éloquence plus entraînante que l'auteur de la *Symphonie en ut mineur*, où l'âme d'un Prométhée semble tour à tour pleurer et rugir, consoler ses frères ou rompre leurs chaînes ? Le poète de quinze ans ne fut pas seulement subjugué par ces accents prophétiques ; il vit s'ouvrir un monde nouveau, le monde illimité de la musique où l'homme, délivré des entraves d'une langue particulière, s'exprime avec toutes ses énergies dans un idiome universel. Il crut entendre des voix humaines dans ces instruments dont les plaintes désespérées et les cris de joie s'appellent, se répondent, se combattent ou s'élancent d'un même essor ; il crut voir se dérouler toute une épopée dans chaque symphonie. Désormais, il le sent tout de suite, la poésie ne lui suffira plus. À côté de ces vibrations éclatantes et victorieuses de l'âme qui font la puissance incomparable de la musique, le langage poétique lui paraît pauvre, froid, incomplet. Pour donner issue aux sensations vastes qui le débordent, il lui faut dorénavant la langue de Beethoven. Cette conversion fut comme un coup de foudre, une terrible et bienfaisante apparition de la muse nouvelle qui s'emparait du jeune homme. « Un soir, dit-il lui-même, j'entendis exécuter une symphonie de Beethoven, j'eus dans la nuit un accès de fièvre, je tombai malade, et après mon rétablissement je devins musicien. » Le voilà donc qui se jette sur la musique comme il s'était jeté sur la poésie. Pendant deux ans, il s'y plonge, il se l'assimile. Harmonie, contrepoint, instrumentation, il apprend tout avec une sorte de frénésie. — Faut-il savoir faire une fugue ? dit-il un jour à son maître. — N'en faites pas souvent, mais sachez en faire, » lui dit le sage musicien, Trois jours après, l'élève lui apporte une fugue des plus compliquées, dont le vieux maître de chapelle reste ébahi. À dix-sept ans, Richard Wagner avait composé une foule de sonates, plusieurs ouvertures et une symphonie. Le poète semblait métamorphosé pour toujours en musicien.

Il n'en était rien pourtant ; le poète reparut tout à coup d'une manière inattendue. Ce fut à l'audition du *Freyschütz*. Le premier opéra vraiment populaire et hardiment national des Allemands devait frapper de prime abord un esprit avide de franchise et de vérité. Qui d'ailleurs n'eût été sous le charme ? Le souffle vivifiant des grands bois qui traverse cette partition était fait pour rafraîchir tous les cœurs. Les romances d'Agathe, qui joignent à l'ingénuité native des chants populaires tant de noblesse virginale, enflammaient toute la jeunesse d'alors. Ce qui attira surtout M. Richard Wagner dans le chef-d'œuvre de Weber, ce fut le concours merveilleux de l'effet musical et de l'effet poétique dans certains passages. Rien de plus dramatique à coup sûr que le retour du motif de Samiel chaque fois que le séducteur apparaît. Quand le spectre rouge du démon des bois passe derrière Max sur la lisière sombre de la forêt et que les violoncelles reprennent leur phrase tentatrice comme le désir, rampante et orgueilleuse comme Satan, il semble que l'enfer tout entier assiège l'âme troublée du chasseur. Cet effet et bien d'autres révélèrent au musicien la puissance dramatique de son art. Aussitôt il veut faire à son tour un opéra, et bientôt après il conçoit, écrit et compose *les Fées*. Vers et musique avaient coulé d'un seul jet de sa plume comme d'une même source ; ceci est caractéristique. À partir de ce moment, le poète et le musicien, éclos successivement dans le même individu et développés isolément, se joignent pour ne plus se quitter. Un instinct irrésistible, un charme magnétique les attire l'un vers l'autre. Marchant de front, ils tendent à ne plus former qu'un seul et même artiste et à s'unir indissolublement dans un même idéal. Telle est la grande originalité de M. Richard Wagner ; elle lui fait une place à part dans l'histoire de l'opéra. Nous ne sommes pas ici en présence d'un musicien pur et simple ; ceux qui le regardent comme tel ne le voient que par un côté et le jugent à faux. Pour apprécier sa valeur et la hardiesse de ses conceptions, il faut ne pas oublier que c'est à la fois un vrai poète et un vrai musicien. N'eût-il fait que les paroles de ses opéras, on ne saurait lui refuser le premier de ces titres, et d'autre part, n'eût-il fait que ses ouvertures et ses préludes, il faudrait lui accorder le second ; mais en lui le poète et le musicien rêvent, conçoivent, travaillent, créent ensemble. On ne peut dire où l'un finit, où l'autre commence. M. Richard Wagner, lorsqu'il écrit un vers dans le feu de l'inspiration, entend déjà chanter dans sa tête la mélodie qu'il y joindra, et lorsqu'il ébauche un fragment symphonique, il voit clairement d'avance le tableau scénique dont il sera l'accompagnement. Organisation exceptionnelle, unique dans son genre, où deux facultés maîtresses, l'invention poétique et le besoin d'expression musicale, loin d'aller en sens opposé, convergent par leur énergie propre et se joignent en un même point : le drame musical.

À vingt-trois ans, M. Richard Wagner devint chef d'orchestre au théâtre de Riga. Il s'agissait de gagner sa vie et de faire son chemin. D'un centre littéraire et musical fort animé, le jeune compositeur se voyait relégué subitement au bord de la mer Baltique, dans une ville étrangère, triste, monotone. C'est là, au milieu des labeurs de sa profession et des tracas d'un petit théâtre, qu'il commença d'après le roman de Bulwer son premier grand opéra : *Rienzi*, qu'on vient de jouer au Théâtre-Lyrique, à Paris. Un fier tribun qui rêve le rétablissement de l'austère république des anciens temps au milieu de la Rome corrompue de la papauté, un grand caractère rempli tout entier d'une grande pensée, un grand cœur tout pénétré de son amour de la patrie aux prises avec un entourage brutal et vulgaire, n'ayant pour partager sa foi qu'une sœur enthousiaste aussi républicaine que lui, porté un instant au faîte du pouvoir par le flot populaire, puis frappé à l'apogée de son triomphe par les foudres pontificales, trahi par une noblesse égoïste, honni par cette même populace qui l'avait acclamé, et tombant sur le seuil de sa maison incendiée comme le dernier tribun de Rome, ce sujet était fait pour tenter un esprit porté aux situations grandioses. *Rienzi* est une œuvre de jeunesse, fort inégale, mais pleine de fougue et de passion, d'un tour brillant et hardi. La pensée réformatrice de l'auteur n'y perce pas. Le livret est coupé selon toutes les règles de la tradition. Chœurs d'ensemble, marches retentissantes, grands airs, trios, septuor, ballet, rien n'y manque. En écrivant ce texte, l'auteur ne songeait qu'à faire un bon *libretto* de grand opéra. Çà et là un vers énergique, un dialogue rapide, une scène saisissante, des réponses qui tombent comme des coups de poignard, dénotent le talent dramatique. La musique se ressent des modèles italiens et français ; mais l'individualité du compositeur éclate aussi bien dans la fierté héroïque de ses larges mélodies que dans la chaleur et la richesse de son coloris instrumental. En somme, *Rienzi* est déjà l'œuvre d'un maître indépendant sans être celle d'un novateur.

Où faire représenter cet opéra à grand spectacle ? Richard Wagner se le demandait avec impatience à son pupitre de chef d'orchestre, dans le théâtre mesquin de Riga, en face d'une troupe médiocre et de décors rapiécés. *Rienzi* demandait une grande scène, des chanteurs éprouvés, des décors splendides, enfin toutes les ressources d'un théâtre de premier rang. Où le trouver en Allemagne et comment y arriver ? Ses regards se tournèrent alors vers le brillant foyer de gloire qui de ses feux miroitants éblouit toute l'Europe, vers Paris. Il résolut de s'y rendre et d'y tenter la fortune. On taxa ce projet de folie, tous ses amis se conjurèrent pour l'en détourner. Peine perdue ; Richard Wagner n'a jamais été l'homme des demi-résolutions et des longs détours. La même puissance de désir qui le domine dans la création poétique le pousse dans sa vie à l'action, et l'arme d'une volonté de fer. Qu'en dira-t-on et que deviendrai-je ? Ces questions, qui retiennent la plupart des hommes au seuil des tentatives risquées, n'ont jamais étouffé chez lui la voix intérieure, plus puissante que tout le reste, qui dit à un moment donné : il le faut. Donc, sitôt dit, sitôt fait. Il donne sa démission de chef d'orchestre à Riga, et s'embarque pour la France, sachant à peine le français, sans recommandation, presque sans ressources. Cette entreprise téméraire devait l'abreuver d'amertumes ; mais les déceptions mêmes qui s'ensuivirent l'amenèrent à la conscience de ses forces.

La traversée fut orageuse. Elle offrit comme une image lugubre de la destinée qui menaçait l'artiste audacieux dans la grande capitale. Une tempête furieuse jeta le navire sur les côtes de Norvège ; il fallut relâcher dans un *fiord*. Ce fut aux lueurs sinistres de cet orage, aux cris des matelots dans la tempête, au rugissement des vagues contre les promontoires escarpés de la Scandinavie, que l'idée du *Vaisseau fantôme* surgit pour la première fois dans l'âme du poète ; mais le sombre vaisseau, avec ses voiles couleur de sang et son triste capitaine, ne fit que passer à ses yeux, rapide comme une flèche, sous l'embrasement d'un éclair. Il ne revint le hanter que trois ans plus tard, le jour où l'artiste amèrement déçu, seul dans un monde étranger, se sentit, lui aussi, comme perdu sur une mer sans rivages, sans autre horizon que la misère et le désespoir.

En 1839, M. Richard Wagner, âgé de vingt-six ans, arrivait à Paris avec la ferme résolution de se plier à toutes les nécessités de sa position précaire et aux exigences multiples de la société parisienne. Il importait avant tout de faire des connaissances dans le monde musical. Il se présenta partout sans recommandation, racontant sa vie et disant ses projets. Beaucoup de personnes s'étonnèrent sans doute de la simplicité naïve de ce procédé. Quoi qu'il en soit, il trouva de chauds amis, mais de puissants protecteurs, point. Les directeurs de théâtre l'engagèrent amicalement à chercher d'abord un librettiste pour traduire son *Rienzi* ; les librettistes de leur côté l'engagèrent à chercher d'abord un directeur favorable. Des mois se passèrent ainsi. De guerre lasse, il se mit à traduire lui-même, avec l'aide d'un ami, sa *Novice de Palerme* pour un théâtre de troisième ordre. Quand tout fut fini, revu et corrigé, on trouva que le sujet n'était pas assez amusant ; la pièce fut refusée. Sans se décourager, il se mit à composer des romances pour des chanteurs de salon, espérant se faire connaître par là ; mais sa mélodie expansive et large ne s'accordait pas toujours avec les paroles françaises, il fallut y renoncer. Poussé par le besoin, il alla jusqu'à s'offrir à composer la musique d'un vaudeville de boulevard ; la jalousie d'un homme du métier lui enleva cette dernière ressource. Il fallait vivre pourtant. Il dut se résigner à arranger des airs d'opéra pour le cornet à piston. En même temps il insérait dans la *Gazette musicale* des articles de critique et plusieurs nouvelles, notamment un *Pèlerinage chez Beethoven* et *la Fin d'un musicien à Paris*, où il peignait ses propres infortunes, non sans verve humoristique. Son héros finissait par mourir de faim ; lui-même n'échappa qu'à grand-peine à ce dénouement tragique.

On se figure aisément ce qu'il y eut d'amer dans toutes ces humiliations pour un artiste rempli des aspirations les plus hautes. Que de beaux et généreux talents se sont usés, avilis, brisés dans ces efforts énervants ! On pourrait supposer que M. Richard Wagner y perdit quelque chose de son énergie. Eh bien ! non, il s'y trempe et s'y bronze pour la vie. Après le labeur pénible, souvent machinal de la journée, dans une situation sans issue, accablé sous le poids de cette solitude si morne pour l'étranger au milieu d'une capitale bruyante et affolée de plaisir, il travaille des nuits entières. Son enthousiasme ne s'éteint pas, son courage redouble, et, pour rester fidèle à la grande musique, il compose une *Ouverture de Faust* et achève son *Rienzi*. L'œuvre terminée, il tente une dernière campagne pour la faire agréer à l'Opéra. Rien ne sert ; toutes les portes se ferment devant lui. Deux ans d'efforts désespérés lui avaient valu ce résultat.

Dans cette extrémité, beaucoup d'artistes se brûlent la cervelle en maudissant le monde, la plupart abandonnent l'idéal rêvé et se font les humbles serviteurs de la mode. C'est un signe de remarquable énergie chez l'artiste dont nous esquissons l'histoire, et pourquoi ne pas le dire ? c'est un honneur qu'on ne saurait estimer trop haut de n'avoir pas faibli à ce moment décisif. Au lieu de se plaindre à ses amis, plus abattus que lui-même, il se retire tranquillement dans la solitude que lui fait l'adversité, et là, au milieu de ce cruel isolement moral, de cette nuit profonde où tant d'étoiles naguère si brillantes se sont éteintes l'une après l'autre, il jure à l'idéal qu'il sent en lui une foi plus ardente encore, un dévouement plus absolu. La légende du *Vaisseau fantôme* repasse devant ses yeux, le fascine comme le spectre de sa propre destinée, et s'empare de son imagination avec un charme tyrannique. Ayant rompu violemment ses attaches avec la patrie dans l'ivresse d'une espérance sans bornes, égaré dans un monde étranger, presque ennemi, ne sachant où le besoin le poussera et dans quel sombre avenir va l'emporter le hasard, comment n'eût-il pas éprouvé une secrète sympathie pour le sombre marin errant et maudit de Dieu ? À ce moment, la vision éblouissante de la gloire disparaît devant le génie impérieux de l'inspiration. Il faut qu'il mette au monde l'idée qui le remplit, qu'il fasse vivre et parler ce triste héros, malheureux, mais invaincu, qu'il aime déjà comme un frère. Qu'importe le reste ? Seul, obscur, sans arrière-pensée, sans espoir de succès, il se met à l'œuvre. La musique vient à son aide, il se sent libre et poète pour la première fois : libre, parce qu'il brise les formes convenues de l'opéra dans l'essor d'un sentiment souverain, poète, parce qu'il se livre sans réserve à son idée et s'y absorbe tout entier. Par ce travail plus spontané, plus fougueux que tous les autres, l'artiste entrait dans une phase toute nouvelle ; il avait touché terre et prenait possession de son domaine. Après avoir longtemps cherché un terrain favorable pour le drame qu'il rêvait, il le trouve enfin dans le mythe populaire. Rappelons en deux mots la légende du *Vaisseau fantôme* et voyons ce qu'elle est devenue dans l'opéra. Elle se forma chez les marins du XVe et du XVIe siècle, dans les expéditions hasardeuses sur les mers inconnues. On racontait qu'un capitaine de vaisseau s'était acharné à franchir le cap des Tempêtes contre vents et marées. Cent fois la mer le rejette du promontoire fatal, cent fois il revient à la charge, et dans un accès de rage il jure par un serment épouvantable de persister, fût-ce pendant l'éternité. Le démon l'entend, le prend au mot et le condamne à errer à jamais d'un pôle à l'autre sur le sauvage océan, maudit de Dieu, terreur des hommes, messager de naufrage pour les navires en détresse. Cette tradition se retrouve chez tous les peuples marins, et s'appelle en Allemagne *le Hollandais volant (Der fliegende Holländer)*, parce que son navire vole comme le vent, incarnation fantastique du génie aventureux des voyages et des découvertes, qui n'a d'autre patrie que l'océan sans asile et sans limites. M. Richard Wagner a coloré ce mythe de ses émotions personnelles, lui a donné un contour plus dramatique, un sens plus élevé. Dans sa pensée, le Hollandais devient un nouvel Ahasvérus cinglant à travers les mers vers une patrie qu'il cherche en vain, lutteur infatigable qui, du milieu des orages de sa destinée, aspire aux douceurs du foyer, au calme du bonheur. La fatalité de son âme inquiète pèse sur lui comme une malédiction. Aucun peuple ne veut de lui, tous les rivages le repoussent, le corsaire même le fuit en se signant. Il a défié l'océan, et l'océan ne le lâche plus ; il a évoqué l'esprit des abîmes, et Satan le condamne à ne pouvoir mourir. Une nuit, un ange de Dieu lui est apparu dans la tempête et lui a promis la délivrance, si une femme l'aime jusqu'à la mort. Tous les sept ans, il aborde à une rive et demande la main d'une jeune fille. Hélas ! aucune de ces fiancées n'a jamais consenti à le suivre sur son noir vaisseau, toutes l'ont trahi au dernier moment. Aussi c'en est fait de sa foi en la miséricorde humaine et en l'amour. Il n'a plus qu'un désir, s'abîmer dans l'éternel néant, qu'une espérance, la destruction du monde. « Le terme est échu ; encore sept ans passés comme une tempête lasse de moi, la mer me rejette à terre... Ah ! fier océan ! bientôt tu me porteras de nouveau. Je sais dompter ta colère, mais éternelle est ma souffrance ! Le salut que je cherche sur terre, jamais je ne le trouverai ! Ô flots de la mer qui ceint le monde, je vous resterai fidèle jusqu'à ce que votre dernière vague se brise et que votre dernière goutte soit séchée. » Il est un cœur pourtant qui doit battre de toute sa force pour ce triste voyageur, il y a une femme qui se dévouera à lui ; c'est Senta, la fille du capitaine Daland. Par une secrète affinité d'âme, la jeune Norvégienne aime le terrible marin sans l'avoir vu. Tout le monde le craint et le hait parce qu'il est malheureux et qu'il porte malheur, et justement parce qu'il est malheureux, elle l'aime de toutes les puissances de son être. C'est une scène hardie et saisissante que celle où Senta, comme en proie à une hallucination prophétique, chante la ballade du Hollandais au milieu de ses compagnes effrayées. Elle la chante avec une sympathie sauvage et se dévoue à lui dans un élan de pitié sublime. À ce moment, il arrive, amené par le père même de Senta. Elle le reconnaît et lui jure une éternelle fidélité. Le mariage s'apprête ; voici qu'au dernier moment il surprend sa fiancée auprès du chasseur Éric, qui essaie de la retenir. Le Hollandais la croit infidèle comme toutes les autres, le doute et le désespoir rentrent dans son âme, il s'élance sur son navire et dit adieu pour toujours à la terre ; mais, Senta le voyant fuir, se jette à la mer pour le suivre. Le vaisseau fatal sombre, Senta meurt avec le Hollandais, et l'amour qui les unit dans la mort est assez grand, assez héroïque, pour que le spectateur ne s'étonne pas trop de voir les deux amants, désormais inséparables, s'élever au-dessus des flots noirs dans une gloire rayonnante pendant que l'orchestre ému fait succéder aux fureurs de l'océan le thème de la rédemption, entonné d'abord par Senta.

Il est aisé de voir ce qu'il y a d'insolite et d'inachevé dans cette mise en scène. Le héros est placé en un cadre si fantastique qu'on a peine à deviner du premier coup le fond très humain de sa nature, et le passage du monde réel au merveilleux symbolique est d'une extrême brusquerie. Cela n'empêche pas que l'idée ne soit belle, la situation émouvante, l'inspiration d'un seul jet et d'un grand souffle. Quant à la musique, elle ne renferme pas encore d'innovation capitale. Manque de clarté dans les dessins de l'orchestre, déclamation parfois monotone, hésitations entre le récitatif et l'air, ces défauts sont visibles. La nouveauté de cette musique est dans l'effet qu'elle produit. Si jamais la sombre poésie de l'océan implacable a été exprimée d'une manière terrible, c'est dans le premier acte ; on y entend comme la voix du Styx, ce grondement éternel de la vague qui ne se lasse ni ne pardonne. Et par opposition quelle paix intérieure, quelle mansuétude infinie dans le chant de Senta, mélodie d'une douceur, d'une confiance angélique, toujours accompagnée de la harpe, et qui nous dévoile instantanément le cœur de l'héroïne ! Ce violent contraste entre le voyageur maudit, désespéré, et la jeune fille aimante, altérée de sacrifice, qui veut l'arracher à l'abîme, la sympathie magnétique entre l'immensité du malheur chez cet homme et l'immensité de l'amour dans le cœur d'une femme, ces deux âmes qui s'attirent, s'étreignent et trouvent dans la mort la suprême félicité, c'est là tout le drame. Dans la plupart des opéras, le livret n'est là que pour fournir un prétexte à la musique. Ici la musique n'est là une pour le drame. Se refusant tout écart, elle s'attache fidèlement à la parole, accentue les passions dominantes des personnages par des motifs caractéristiques, colore la scène et achève le tableau. Rien de plus juste ; si le drame musical veut être conséquent avec lui-même, la musique n'ajoutera ses enchantements à ceux de la scène que pour renforcer l'émotion, soutenir l'action, vivifier la poésie. C'était la pensée de Gluck ; M. Richard Wagner l'a reprise et agrandie. *Le Vaisseau fantôme* est son premier pas dans cette voie. Il devait arriver à

Tannhäuser et à *Lohengrin* non par système, mais par la seule force de son instinct dramatique.

II

Cette fois la persévérance de l'artiste fut couronnée de succès. Il reçut en même temps deux nouvelles heureuses : *Rienzi* était admis au théâtre de Dresde et *le Vaisseau fantôme* à Berlin. Il quitta Paris sur-le-champ et se rendit à Dresde. *Rienzi* y obtint un succès éclatant, qui valut au compositeur le titre de maître de chapelle de la cour. C'était une victoire aussi brillante qu'inespérée. D'un jour à l'autre, le jeune compositeur, resté obscur et isolé jusqu'à vingt-huit ans, était devenu célèbre. Voilà une gloire établie, une fortune assurée, pensaient les nouveaux amis, qui maintenant lui arrivaient en foule. Ils se trompaient fort ; la véritable lutte allait commencer pour lui. Ah ! sans doute, s'il avait consenti à rester dans les voies battues comme dans *Rienzi*, il avait pour lui acteurs, directeurs, musiciens, le public et la critique en masse ; mais aborder le théâtre avec des idées de réforme radicale, vouloir introduire un esprit nouveau dans l'opéra, demander aux chanteurs d'être de bons acteurs, de se passionner pour leurs rôles plus que pour leurs airs de bravoure, au public de s'intéresser à l'ensemble de l'œuvre plus qu'aux accessoires, aux caractères plus qu'à la voix de la première cantatrice, à l'idée même du drame plus qu'au ballet, c'était se brouiller avec tout le monde à la fois, car c'était rompre en visière avec tous les préjugés, c'était toucher à cette divinité redoutable, la mode, et saper son temple par la base. Guerre devait s'ensuivre. L'accueil défavorable qu'on fit au *Vaisseau fantôme* à Berlin aurait arrêté un artiste moins convaincu dans la voie des innovations ; mais M. Richard Wagner n'agissait ni par spéculation ni par système. L'enthousiasme qui l'entraînait vers un sujet nouveau lui en dictait aussi la forme. Il faut le reconnaître, il n'a jamais cherché le succès pour le succès, et, s'il a parfois défendu son idéal avec trop d'âpreté, du moins ne l'a-t-il jamais trahi. À cette époque, il composa l'œuvre où sa manière s'accuse déjà dans toute sa vigueur. Il s'agit de *Tannhäuser*.

Ce n'est pas le hasard qui le fit tomber sur ce sujet légendaire. Il avait trouvé dans le mythe populaire le véritable domaine de son drame musical ; il s'y avança en conquérant. Pour beaucoup de personnes, le chevalier-poète de la Wartbourg, attiré dans les grottes de Vénus*, n'est qu'un fantôme du Moyen Âge ressuscité sans qu'elles sachent pourquoi. Juger ainsi cette création, c'est n'en voir que le vêtement. Pour l'auditeur attentif, ce personnage est bien autre chose qu'un premier ténor chantant quelques beaux airs et triomphant dans une cavatine. Tannhäuser, qui du fond des voluptés énervantes aspire à la douleur et aux joies de l'amour pur, Tannhäuser, qui s'arrache aux enlacements de Vénus pour retrouver le ciel dans le regard d'Élisabeth, le poète ardent qui captive et enflamme la vierge pure, mais qui se trahit fatalement dans la lutte des chanteurs, lorsque, emporté par la passion, il célèbre malgré lui la déesse païenne, cet homme de désir partagé entre les fureurs de la volupté et les extases de l'enthousiasme n'est-il qu'une enluminure de légende arrachée aux pages poudreuses d'une vieille chronique ? Non, il s'en faut. Sous sa robe de chevalier, c'est un homme tout palpitant de vie et qui touche à notre temps par toutes les fibres de son être. C'est une de ces physionomies parlantes créée par l'imagination populaire, transfigurée par la double magie de la poésie et de la musique, destinée par la simplicité et la grandeur de ses traits à rester un des types éloquents et universellement compris de l'humanité. La vie intense qui anime Tannhäuser ne circule pas moins dans les veines de Vénus et d'Élisabeth. Ces deux figures représentent avec une énergie frappante deux côtés saillants de la nature féminine : d'une part la séduction voluptueuse et infernale dans ce qu'elle a de plus subtil et de plus démoniaque, de l'autre la pureté virginale, la tendresse héroïque, l'amour sans bornes qui ne s'assouvit que dans le sacrifice. Tannhäuser porte dans son cœur ces deux amours, ces deux mondes qu'il veut unir en un seul, et cette lutte sous laquelle il succombe est

---

* Dans la légende chrétienne du Moyen Âge, la déesse Holda (autre nom de Freya) se confondit avec la déesse grecque. Selon la tradition thuringienne, elle vivait avec ses nymphes dans le Hörselberg, près d'Eisenach, et cherchait à y attirer les voyageurs. Une fois entrés, ils n'en sortaient plus.

l'âme du poème. De grands caractères largement dessinés, des situations puissantes, l'intérêt concentré sur l'action, la catastrophe sortant non d'une intrigue, mais du caractère même du héros, enfin une poésie séduisante inondant toutes les figures de sa riche lumière, voilà l'originalité de cet opéra, qui peut déjà revendiquer le nom de drame musical.

En se subordonnant à la poésie, la musique, loin de perdre sa puissance, acquiert ici une nouvelle force de persuasion. La nouveauté de l'œuvre consiste avant tout dans une déclamation dramatique qui s'éloigne tout autant du récitatif banal que de l'air traditionnel avec la ritournelle obligée et l'inévitable cadence finale. Les compositeurs se sont attachés en général à rendre les divers degrés d'une scène sous forme lyrique par une série d'airs, de cavatines, de duos. L'amant se déclare : premier air ; il s'attendrit : romance ; il s'emporte : air de bravoure ; il est écouté : duo. Autant de morceaux détachés. Le musicien n'exprimait ainsi que les points culminants de la passion. La série des sentiments intermédiaires, le flux perpétuel de l'âme qui pousse l'homme parlant et agissant, étaient négligés. De là des effets lyriques souvent admirables, mais en somme peu d'unité. Richard Wagner au contraire est convaincu que la musique jointe à la poésie a une puissance d'expression aussi variée, aussi infinie que la pensée poétique elle-même. Autre chose, dit-il, est le chant lyrique, où l'âme revient sur elle-même, se berce et se repose dans un seul sentiment, et une scène au théâtre, où plusieurs âmes sont en lutte et font sans cesse assaut les unes sur les autres. Il veut donc exprimer le mouvement même, la progression irrésistible des sentiments et des passions depuis leur genèse mystérieuse jusqu'à leur plus éclatante manifestation. De là la mélodie continue, dégagée de tout frein, mais saillante et rythmée selon le degré de l'émotion. Au lieu de se cadencer à la fin et de retomber infailliblement sur la tonique, elle se développe, se déroule et s'élargit au gré de la parole ; parfois elle se brise dans le feu du dialogue ; à chaque nouvel ordre d'idées et de sentiments qui s'empare des personnages, elle se précipite dans un ton nouveau, rapide comme la pensée, libre comme elle*.

Lohengrin suivit de près le *Tannhäuser*. C'est ici que le système dramatique de l'auteur apparaît dans toute sa lucidité. L'élévation et la beauté du poème y sont pour beaucoup. Si Richard Wagner n'avait écrit que les paroles de cette noble tragédie, elles suffiraient pour lui assurer une place parmi les vrais poètes. Pendant que la critique allemande jetait feu et flamme sur les prétendues hérésies musicales du *Tannhäuser*, l'auteur, peu troublé de ces attaques et tout entier à sa pensée, se plongeait avec une ardeur nouvelle dans l'étude de la vieille poésie germanique. Au milieu de ce chaos de légendes et de traditions mutilées, il se sentait parfois comme ravivé au souffle d'une humanité plus jeune et plus saine. C'est dans ce monde seulement qu'il pouvait imaginer des héros à sa guise, dépassant de plusieurs coudées la mesure vulgaire, hommes aux passions gigantesques, femmes héroïques, âmes grandes dans le mal ou sublimes dans le bien. Avait-il tort d'évoquer ces figures antiques, ébauchées par le génie national et consacrées par le culte de plusieurs siècles ? Les partisans exclusifs de l'opéra historique le blâment à ce sujet ; mais les amis de la simple et

---

* En cela, M. Richard Wagner est le disciple fidèle et le continuateur intelligent de Gluck. « Je cherchai, dit Gluck, à réduire la musique à sa véritable fonction, celle de seconder la poésie pour fortifier l'expression des sentiments et l'intérêt des situations sans interrompre l'action et la refroidir par des ornements superflus ; je crus que la musique devait ajouter à la poésie ce qu'ajoute un dessin correct et bien composé la vivacité des couleurs et l'accord heureux des lumières et des ombres, qui servent à animer les figures sans en altérer les contours. » (Épître dédicatoire d'*Alceste*.) M. Richard Wagner est-il un copiste de Gluck ? Ses adversaires n'ont pas manqué de le dire ; mais il suffit d'entendre un de ses morceaux pour se convaincre du contraire. C'est par lui-même, c'est par ses propres efforts qu'il est arrivé au drame musical, et il est allé bien plus loin que son prédécesseur. Rien du reste dans sa musique ne rappelle les formes mélodiques et orchestrales de l'auteur d'*Iphigénie*. Il se rattache à lui par le principe qui vient d'être cité ; il en diffère par les conséquences qu'il en a tirées. N'en signalons qu'une : Gluck conserve le récitatif et l'air dans leur forme stricte, M. Richard Wagner s'affranchit de l'un et de l'autre et les remplace par la mélopée dramatique, rythmée et renforcée d'une harmonie caractéristique. De là cette différence capitale : chez Gluck, c'est l'air qui forme un tout achevé ; chez M. Richard Wagner, l'unité musicale réside dans la scène entière, et celle-ci n'est elle-même qu'une partie dans la grande unité du drame.

forte tragédie lui en sauront gré : il n'eût pas facilement trouvé ailleurs des cadres si pittoresques, des caractères si tranchés, en un mot des sujets aussi favorables au drame musical. Le nouveau type qui l'attira avec une force irrésistible fut celui du chevalier au cygne. Comme le Hollandais, comme Tannhäuser, le Lohengrin de la légende populaire prit dans sa pensée une physionomie plus expressive et noblement humaine. Le chevalier du Saint-Graal descend des hauteurs de Montsalvat, temple de justice et de sainteté où règne son père Parzival ; il arrive par mer pour défendre Elsa, l'héritière du trône de Brabant, injustement accusée d'avoir tué son frère. Malgré sa nature presque divine, il nourrit une flamme intense et toute terrestre dans le sanctuaire inviolable de son âme ; il brûle du désir d'aimer et d'être aimé, de communiquer à un être qui le comprenne les félicités indicibles, les tristesses infinies qui sont le partage de sa race sublime. Trait profond qui se retrouve dans les mythes de tous les peuples : le héros, le demidieu cherche la femme mortelle et aimante. Lohengrin prend en main la cause d'Elsa, et terrasse son accusateur en combat singulier. Roi et peuple reconnaissent dans cette victoire le jugement de Dieu. En sauvant Elsa, il lui offre sa main ; mais il réclame d'elle une confiance absolue, et lui défend de l'interroger jamais sur son origine et sur son nom. Deux fois il répète son commandement sur une phrase impérative et fatale. « Jamais tu ne m'interrogeras, jamais tu ne chercheras dans la pensée d'où je suis venu sur les eaux, ni quel est mon nom et ma race ! » Au premier coup d'œil, Lohengrin a cru en l'innocence d'Elsa, il veut qu'elle aussi croie en lui sans restriction et sans preuve. Il veut être aimé pour lui-même, accepté tout entier dans sa fierté héroïque, compris par l'amour et la foi comme il a deviné Elsa par la foi et par l'amour. Elsa, qui a pressenti son sauveur, qui l'aimait sans le connaître, promet tout dans un élan de reconnaissance et d'adoration ; mais, par une série d'intrigues qui remplissent le deuxième acte, Frédéric et Ortrude, les ennemis d'Elsa, qui veulent l'écarter du trône pour y monter eux-mêmes, parviennent à insinuer le doute dans cette âme pure. Après de terribles combats intérieurs, poussée par une anxiété, une terreur invincible, elle pose à Lohengrin la question fatale dans la nuit même des noces. Lohengrin, blessé dans sa fierté, dévoile sa haute origine devant Elsa, le roi et le peuple réunis, il s'avoue chevalier du Saint-Graal, puis il repart pour ne plus revenir. Il s'en va l'âme déchirée, brisé dans sa fleur, car il aime toujours Elsa, mais fidèle à son orgueil et à la loi de son ordre, qui ne permet pas à ses champions de rester dans le monde une fois le mystère de leur origine dévoilé.

Lohengrin, nature à la fois tendre et impérieuse, expansive et altière, est une vivante incarnation de l'héroïsme exalté qui demande dans l'amour la foi la plus aveugle, la plus absolue, et brise implacablement tout lien avec l'être aimé au premier signe de doute. On dirait qu'il expie sa nature surhumaine par l'effroi qu'il inspire, car sa destinée tragique est d'être soupçonné par la femme qu'il adore, par celle qui seule pouvait le comprendre et l'épanouir. Elsa, la femme passionnée, demande' une révélation complète, et son époux refuse de la lui donner par excès d'orgueil. Elle a douté de lui un instant, et lui ne voit pas que ce doute vient de l'excès même de son amour. L'altière sublimité du héros l'empêche de comprendre l'âme féminine en sa délicatesse et sa profondeur. Autrement il verrait qu'elle exige la plénitude de la confiance. Voilà ce qui creuse l'abîme entre eux, et voilà le nœud tragique du poème. La structure en est très simple, et les événements s'y concentrent en quelques scènes capitales ; mais chaque scène fait marcher l'action, chaque mot porte. Dans le drame musical, le poème ne peut être qu'une esquisse, c'est la musique qui doit lui donner la couleur et la vie ; mais à la vigueur, à la hardiesse du carton, on devine la richesse et l'éclat du tableau. Les caractères sont groupés avec un grand art et nuancés avec une extrême finesse. Frédéric de Telramund et Ortrude forment avec Lohengrin et Elsa un contraste des plus tranchés. Le couple sombre, infernal, uni par la haine, fait ressortir le couple si noble et si tendre du héros, et de son amante exaltée dans toute sa blancheur immaculée, comme deux anges de lumière à côté d'êtres maudits échappés de l'abîme. Ni Ortrude ni Frédéric ne sont des méchants vulgaires, des traîtres de convention. Ortrude surtout, cette païenne fanatique, est une création. Grande d'audace et de sang-froid, elle refoule dans un sein de marbre tout l'enfer de la haine et de la vengeance pour les laisser éclater au moment propice avec une jubilation féroce. La sûreté avec laquelle elle infiltre le poison du doute dans l'âme d'Elsa, les caresses perfides dont elle l'enlace, la douceur feinte avec laquelle elle se glisse comme un serpent jusqu'à son cœur de vierge, annoncent la scélératesse d'un démon. Le choc de ces caractères donne lieu à des situations aussi frappantes qu'inattendues, et la scène fatale du troisième acte entre Lohengrin et Elsa, où celle-ci oublie sa promesse dans l'emportement d'un amour sans frein, est d'une beauté tragique qui remue l'âme jusque dans ses profondeurs.

L'interprétation musicale de cette tragédie surpasse de beaucoup celle du *Tannhäuser* par la clarté et la mesure. L'unité de conception et de style est si parfaite qu'on se demande si les paroles ont été faites pour la musique, ou la musique pour les paroles ; on dirait qu'au plus haut degré de l'expression poétique la parole toute vibrante d'âme et de passion se fait mélodie d'elle-même. Le chant devient comme la versification de la tragédie, qui, loin d'entraver la marche de l'action, ne la rend que plus saillante. Les chœurs ne sont plus ici de lourdes masses manœuvrant avec un ensemble machinal au signal du chef d'orchestre, ce sont des individualités, ce sont de vrais acteurs. Le grand chœur à huit parties qui précède et accompagne l'arrivée de Lohengrin en est un bel exemple. Elsa sans défenseur est accusée par ses ennemis devant le roi et le peuple ; le héraut du roi appelle par deux fois le chevalier inconnu en qui elle espère. Personne ne bouge dans la foule ; les rudes guerriers commencent à douter de son innocence, et le sombre motif du jugement de Dieu s'appesantit sur elle comme une malédiction irrévocable, au milieu d'un silence de mort. Elsa, éperdue, s'agenouille avec ses femmes dans une prière ardente. Tout à coup son visage s'illumine d'une joie céleste ; au même instant apparaît au loin, sur l'Escaut, un chevalier debout dans une barque traînée par un cygne ; son armure brille au soleil, le cygne merveilleux fend les ondes du fleuve. À cette vue, un frémissement court sur la foule, et le chœur commence *pianissimo* comme un léger chuchotement. Ce ne sont d'abord que des exclamations individuelles où l'on distingue la surprise des uns, la foi naïve des autres, l'effroi des incrédules, le saisissement de tous. À mesure que la barque approche, le chœur grandit, monte en flots d'allégresse, monte toujours, jusqu'à ce qu'il éclate à l'arrivée du resplendissant chevalier, et se fonde en un vaste hymne de joie, tout ruisselant de religieux frissons. Cet immense *crescendo* nous communique quelque chose de la sainte terreur que les anciens demandaient à la tragédie, que le peuple ressent en présence du radieux justicier, et dont l'homme est pénétré devant toute manifestation du divin.

Quant aux motifs dominants, qui jouent déjà un rôle capital dans *Tannhäuser*, ils sont plus significatifs encore dans *Lohengrin*. Ils constituent l'unité de la trame musicale. Par une combinaison aussi intelligente que hardie, au moyen de plusieurs phrases principales, le compositeur a serré un nœud mélodique dont le réseau harmonieux et flexible enveloppe tout le drame. Ces phrases révélatrices agissent comme des charmes étranges. Elles sont toutes si originales, qu'au bout d'une mesure on les distinguerait entre mille et qu'on en reconnaît tout de suite l'intervention la plus mystérieuse, le plus léger tressaillement dans le grand courant symphonique de l'orchestre. Les plus importants de ces motifs représentent et vivifient les grandes puissances morales, les passions des personnages, le sentiment fondamental de leur âme d'où découlent pour ainsi dire leur caractère, leur conduite et toute leur vie. Ainsi le thème religieux du Saint-Graal, admirablement développé dans le prélude, est comme un fond d'or sur lequel se détache la figure lumineuse et héroïque de Lohengrin, l'atmosphère éthérée qui l'enveloppe, la haute, silencieuse et sainte solitude d'où il descend vers les chaudes régions des passions terrestres. Tous les autres motifs qui caractérisent le fils de Parzival ont une parenté secrète avec cette phrase mystique. La mélodie ne revient que rarement, comme pour nous faire sentir que les sentiments les plus divins illuminent la vie de l'homme de rayons fugitifs. Elle perce déjà, suave et rêveuse, sous forme de vision lointaine, dans le premier chant d'Elsa, qui attend son défenseur et qui pressent les inénarrables félicités du Saint-Graal. Elle s'exhale alors plus douce et plus pure qu'une brise alpestre dans l'air lourd et orageux de la plaine, et fait courir dans la chevelure de la vierge accusée, mais belle d'innocence, le souffle d'un autre monde. Elle reparaît à de longs intervalles chaque fois que Lohengrin fait allusion à sa mission sainte. Ce sont les violons qui jouent cette modulation exquise, pleine d'une ivresse céleste, et qui plane parfois au-dessus du héros comme un chœur d'anges invisibles. À la fin seulement, quand Lohengrin révèle son origine, elle est attaquée tout à coup par les trompettes, comme si le temple du Saint-Graal se dévoilait en cet instant unique, avec ses colonnes de jaspe et ses phalanges invulnérables, dans toute son aveuglante splendeur. À ce chant céleste qui toujours triomphe sans effort et par sa seule présence s'oppose le motif infernal d'Ortrude, dessiné ordinairement par les violoncelles. Cette phrase rampante et perfide sort comme un serpent des profondeurs les plus ténébreuses de l'âme. Dans le duo entre Ortrude et Frédéric, elle s'enroule autour du malheureux et l'étreint de ses anneaux ; dans le dialogue avec Elsa, quand Ortrude lui insinue que Lohengrin pourrait bien n'être qu'un magicien et qu'un imposteur, elle remue à chaque instant dans les bas-fonds de l'orchestre ; tantôt elle se traîne en exhalant un bruit lamentable, tantôt elle se redresse avec des sifflements de vipère. Elle se glisse subtile et tortueuse jusqu'à l'âme innocente d'Elsa et mêle son venin à ses rêves d'amour ; mais devant l'invincible Lohengrin elle recule lâchement. On devine l'intérêt psychologique qui s'attache aux développements, aux transformations, aux combinaisons, aux réminiscences multiples et toujours significatives de motifs aussi caractéristiques. Ce ne sont pas de froids symboles, de simples moyens mnémotechniques ; ce sont des thèmes étonnamment persuasifs que l'imagination du compositeur varie sans cesse selon les exigences du moment et l'intensité de la passion. Grâce à eux, on surprend les impulsions les plus secrètes des cœurs avant que la parole ne les confirme. On a dit que les somnambules, dans leur sommeil magnétique, voient à découvert l'âme de ceux qui leur parlent. L'orchestre de M. Richard Wagner nous donne une sensation analogue, car il fait plonger nos regards jusqu'au fin fond des hommes qui se meuvent sur la scène, et par ses révélations incessantes nous rend complices de leurs sentiments les plus intimes, de leurs projets les plus cachés.

Dans *Lohengrin*, la fusion complète du poète et du musicien vers laquelle l'artiste tendait depuis sa jeunesse s'est définitivement accomplie. La création sereine qui en est sortie demeurera comme une œuvre d'un ordre nouveau et complètement original. Elle marquera une date capitale dans l'histoire de la musique dramatique, la date de l'affranchissement définitif de certaines formes convenues, d'une union plus étroite de la parole et du chant. Ce n'est plus un opéra tel qu'on l'entend d'ordinaire, c'est-à-dire une mosaïque brillante de marches, de chœurs, de trios, de septuors. C'est un organisme vivant, dont toutes les parties sortent harmonieusement d'un même germe, où tout se tient, se gradue et se développe par cette nécessité intime qui réside dans la nature du sujet, enfin c'est un drame musical dans l'acception rigoureuse du mot.

M. Richard Wagner était arrivé ainsi à la vue claire de son idéal dramatique, qui se rapproche de la tragédie grecque par la structure générale, mais qui n'en est pas moins tout moderne par les sentiments et les idées. Apercevant son but, il continue d'y marcher tout droit, sans s'inquiéter des fluctuations de la critique. Je serai bref sur la suite de sa carrière. Il importait avant tout de montrer le développement instinctif, fatal et logique de sa pensée. Les événements politiques de 1849 amenèrent un grand changement dans sa vie. Il se jeta très avant dans le mouvement révolutionnaire, espérant que la grande réforme sociale et démocratique serait le signal d'une renaissance dans tous les arts, et permettrait de fonder un grand théâtre national. La république saxonne, on le sait, fut renversée par les troupes prussiennes. M. Richard Wagner, proscrit comme l'un des fauteurs de l'insurrection, se réfugia en Suisse. Ce long exil fut pour lui une époque de méditation, de renoncement au succès immédiat, d'affermissement dans ses convictions d'artiste. Il résolut d'exposer ses vues sur l'opéra dans une série d'essais esthétiques. Habitué à exprimer sa pensée par des créations vivantes, il ne s'engagea qu'à regret dans le dédale de la théorie. Il fallait cependant fixer son point de vue et défendre l'idée du drame musical contre une foule de malentendus, et puis le proscrit était forcé de vivre de sa plume. Il se lança donc dans l'esthétique avec toute la fougue d'un homme qui ne fait qu'un avec son idée. Ces écrits, qui forment un chapitre important dans l'œuvre de M. Richard Wagner, dénotent une connaissance profonde de la musique, et sont remplis d'aperçus originaux parfois d'une justesse frappante sur l'histoire de l'opéra, sur l'essence et les rapports intimes des arts. Il est regrettable que Richard Wagner n'ait pas donné à ces ouvrages une forme moins abstraite. La pensée s'y perd parfois en formules philosophiques si larges que l'esprit n'y peut plus rien saisir ; mais, à côté des exagérations du polémiste, des emportements de l'idéaliste passionné, on y trouve de ces pages éloquentes où l'on sent vibrer l'âme de l'artiste tout plein de son art, où parle l'homme qui a vécu sa pensée. Les plus remarquables de ces ouvrages sont : *l'Art et la Révolution, Opéra et Drame* et surtout *l'Œuvre d'art de l'avenir*, qui a valu tant d'ennemis à l'auteur, et suscité une polémique plus violente et plus interminable que n'en provoqua cent ans plus tôt l'épître dédicatoire d'*Alceste*. Dans ce livre, l'auteur s'attache à prouver que tous les arts peuvent se fondre harmonieusement dans le drame musical tel qu'il le conçoit. Il montre avec beaucoup de sagacité que dans l'opéra ils rivalisent au lieu de concourir au même but. Chacun, voulant briller pour son propre compte, s'ingénie à primer les autres, et au milieu de cette lutte égoïste ils se tyrannisent à qui mieux mieux. C'est à qui l'emportera sur les autres, absorbera l'attention du spectateur. Tantôt c'est le chant ou la simple vocalise qui règne aux dépens des paroles et parfois du bon sens ; tantôt c'est l'orchestre qui joue une marche hors de propos, et amène sur la scène une troupe de choristes et de figurantes sans qu'on sache pourquoi ; tantôt c'est la chorégraphie qui prend possession de la scène, car il faut un ballet. Quant à la poésie, elle devient ce qu'elle peut ; dans l'opéra, c'est le souffre-douleur, le bouc émissaire des autres arts ; elle est maltraitée sans pitié, enfermée dans un *libretto* fabriqué, taillé, tronqué au gré du musicien, du décorateur et des chanteurs virtuoses. De là une série d'impressions contraires, un ensemble disparate, un genre bâtard. Que serait-ce, continue l'auteur, si la poésie, au lieu d'être l'humble esclave dans l'opéra, y devenait la maîtresse intelligente, si, au lieu d'être le prétexte de l'œuvre, elle en était l'âme, si l'action était grande et simple, si la musique, subordonnée au drame, se contentait de renforcer et d'embellir l'expression des sentiments, si les décors étaient toujours en harmonie avec les passions qui agitent les personnages, si la pantomime, au lieu de nous offrir des ballets intempestifs, n'intervenait que pour donner aux gestes des acteurs, à leurs attitudes, à leur groupement naturel, la beauté plastique, et formait sous nos yeux une série de tableaux vivants toujours nobles, toujours nouveaux, en un mot si les arts agissaient tous ensemble sous une inspiration souveraine pour concourir au même but : la représentation éloquente et la transfiguration poétique de l'homme et de ses destinées ? N'aurions-nous pas alors une œuvre cent fois plus puissante et plus vraie, et ne laisserait-elle pas dans l'âme une impression plus profonde et plus harmonieuse ? Voilà, disait l'auteur en concluant, la forme vivante et achevée vers laquelle l'opéra s'achemine depuis deux siècles, voilà l'idéal que nous y cherchons sans le savoir, et qu'il faut poursuivre désormais avec pleine conscience. Loin de prétendre avoir atteint lui-même cet idéal dans ses œuvres, il avouait en être resté fort loin : il déclarait seulement l'avoir cherché, et, le croyant possible, nécessaire même, il le proposait à ses contemporains comme un but digne des plus hardis efforts ; mais les critiques ne le prirent pas ainsi. Laissant de côté toutes les idées émises par l'auteur, ils s'emparèrent du titre de son livre, et s'en firent une arme contre lui. À les entendre, M. Richard Wagner, ne pouvant se faire goûter du présent, se donnait pour le musicien de l'avenir. On trouva le mot plaisant ; il fit le tour de l'Europe. Telle est l'origine de cette fameuse *musique de l'avenir*, dont on réussit à faire un épouvantail. Comme le nom de *romantisme* en 1830, ce mot devint une injure et tint lieu d'argument.

Ce qui donnait beaucoup d'assurance à ces critiques expéditifs, c'est que la grande masse du public semblait confirmer ces arrêts. Les opéras de Richard Wagner ne se répandaient que très lentement en Allemagne, *Lohengrin* n'avait même pas été représenté. Tous les directeurs, tous les chefs d'orchestre, s'en défiaient. Aussi l'auteur exilé avait-il renoncé à tout espoir de succès. Moins disposé que jamais à faire des concessions à la mode, il ne travaillait que pour obéir à ce besoin de produire plus fort que toutes les déceptions chez l'artiste véritable. Dans cet isolement, il eut la bonne fortune de rencontrer un ardent défenseur qui fit plus pour sa cause en Allemagne qu'il n'aurait pu faire lui-même. M. François Liszt, alors chef d'orchestre à Weimar, avait vu par hasard la partition de *Lohengrin* et s'en était passionnément épris. Cet enthousiasme généreux, spontané, électrique, que la musique de M. Richard Wagner a souvent excité chez les natures élevées, n'est pas un des moindres titres de noblesse de ses œuvres. On vit alors un spectacle peu ordinaire : un chef d'orchestre mettant une pièce à l'étude en dehors de tout intérêt matériel, malgré les appréhensions du directeur, par pure conviction d'artiste, persuadé qu'à force d'entrain il ferait sentir au public les beautés dont il était pénétré. M. Liszt avait compris *Lohengrin* d'inspiration ; il dirigea les répétitions avec une ardeur et une fougue que se rappellent encore ceux qui le virent à l'œuvre ; pendant plusieurs mois, il y consacra toute son énergie, il fit passer son feu dans l'orchestre et dans les acteurs. Aussi l'exécution fut-elle admirable, le succès éclatant. Joué pour la première fois à Weimar le 28 août 1850, jour anniversaire de la naissance de Goethe, *Lohengrin* fut salué par un enthousiasme inespéré qui touchait au délire. Dans cette circonstance, le public n'avait pas imposé son caprice aux maîtres, ce furent les maîtres qui imposèrent leur art au public et le lui firent accepter. Ne devrait-il pas toujours en être ainsi ? Quand l'art dégénère, la faute en est aux artistes. Presque toujours leurs concessions aux frivolités de la mode ne sont que lâcheté. On a beau dire, le grand et le vrai s'imposent toujours à la foule, pourvu que les interprètes y croient de toutes leurs forces.

À partir de ce jour, les œuvres de Richard Wagner triomphèrent, des résistances du public allemand. Ses adversaires, il est vrai, l'attaquèrent de plus belle ; mais en attendant *Tannhäuser* et *Lohengrin* faisaient le tour de l'Allemagne. Ils se sont maintenus au répertoire de tous les grands théâtres de ce pays, et ont acquis une popularité universelle. D'autre part, les écrivains les plus indépendants encourageaient le hardi novateur qui s'était fait le champion du drame musical, c'est-à-dire de la vérité dramatique dans l'opéra. M. Adolphe Stahr fut un des premiers à reconnaître les mérites du poète-compositeur, il les proclama hautement dans son livre : *Weimar und Iena* (1852), avec cette hardiesse d'initiative et cette générosité d'esprit qui le caractérisent. Plus tard, M. Richard Wagner obtint le suffrage d'autorités musicales comme MM. Ambros, Marx et Brendel. Des musiciens distingués, MM. Hans de Bulow et Joachim Raff, se groupèrent autour de lui, et les plus grands artistes de la scène lyrique, tels que M. et Mme Schnorr de Karolsfeld, devinrent ses disciples passionnés.

Nous ne dirons rien de *Tristan et Iseult*, représenté en 1865 à Munich, et si merveilleusement interprété par M. et Mme Schnorr, ni de *la Walkirie* et de *Siegfried*, qui n'ont pas encore été joués, si ce n'est qu'au point de vue poétique ces œuvres sont supérieures aux précédentes, et qu'au point de vue musical l'auteur y est allé vaillamment jusqu'au bout de tous ses principes. Dans sa dernière œuvre enfin, M. Richard Wagner vient d'aborder un genre nouveau. Quittant pour cette fois-ci le terrain du mythe, il s'est placé en plein XVIe siècle, au sein de la corporation des *maîtres chanteurs de Nuremberg*. Dans ce cadre national et pittoresque, il a traité un sujet fort original, d'un haut intérêt pour tous ceux qui ont le culte de l'art libre et vrai. L'idée qu'il a tenté de mettre en action, c'est la victoire du génie poétique spontané sur le pédantisme de l'école.

Telle a été en somme la carrière de cet homme tant attaqué, tant décrié ; tel est l'ensemble de ses œuvres vu à vol d'oiseau. Que nous a montré ce coup d'œil rapide ? Un artiste d'un génie audacieux s'affranchissant de bonne heure de toute imitation, se développant d'une manière absolument individuelle, ne suivant que la loi de ses instincts énergiques, ne créant que par la force intérieure d'un désir toujours inassouvi. Idéaliste exalté, téméraire, parfois excessif, mais puissant jusque dans ses écarts, nous l'avons vu grandir et s'élever, non pas soutenu et porté par la société environnante, mais sans cesse en guerre avec elle, non pas favorisé par les principes d'art de l'époque, mais entravé par eux, non pas avec son temps, mais malgré lui : exemple frappant qui prouve que l'artiste n'est pas toujours le produit de son milieu. Il n'a pris à son temps que la fièvre révolutionnaire pour la porter dans l'art, et aux grands musiciens de sa nation que leurs idées les plus avancées en fait de composition musicale. Poète et musicien tout à la fois, il est complètement original à partir du *Vaisseau fantôme*. Dès lors il est dominé par une pensée : donner à ses opéras l'unité, la plénitude, l'allure dramatique de la grande tragédie, créer des œuvres capables d'entraîner la foule aux sentiments les plus nobles, aux idées les plus hautes. Pénétré de ce désir, il rompt avec l'opéra traditionnel, entre dans la voie du drame musical et s'efforce d'y faire marcher de front la poésie et la musique. Désormais rien ne l'arrête, il s'établit souverainement dans son domaine, et d'œuvre en œuvre en recule les limites. Il nous reste à juger cette forme nouvelle de l'opéra par un exemple ; nous choisirons le plus récent, *les Maîtres chanteurs*.

III

Les maîtres chanteurs n'ont joué qu'un rôle de troisième ordre dans la poésie du Moyen Âge ; mais leurs associations au XVe et au XVIe siècle sont très significatives pour l'histoire de la culture allemande. Après ces brillants chevaliers-poètes du XIIIe siècle qui s'appellent les *Minnesinger*, et à côté de la naïve chanson populaire qui éclate si puissamment au XVIe siècle, les poètes bourgeois des villes libres furent les vrais représentants du pédantisme scolastique. Leur rituel baroque, leur code barbare connu sous le nom de *tabulature*, leurs séances solennelles, offrent un tableau fort comique de l'école stationnaire, exclusive, étroite, ennemie de toute libre inspiration, qui fait de la poésie un métier et du génie un apprentissage. La plus célèbre de ces écoles apparaît au XVIe siècle dans la florissante Nuremberg, au temps d'Albert Dürer. Richard Wagner, qui cherche toujours la grande vérité humaine sous les types nationaux, a vu dans ce cadre plaisant le sujet d'une comédie sérieuse et vraiment dramatique. Il a imaginé de mettre en face de ces pédants d'école un poète de race plein de jeunesse et de flamme qui chante comme l'oiseau sur la branche parce qu'une voix intérieure lui commande, qui ne connaît d'autre prosodie que les battements de son cœur généreux, d'autre règle que son inspiration impétueuse et souveraine. Voilà donc la poésie, l'enthousiasme, le génie, aux prises avec la prose et l'impuissance. Cette lutte est le fond même du drame, où le noble, le beau et le vrai triomphent du petit, du ridicule et du faux par leur seule puissance d'expansion. Cette belle idée a été mise en action avec une variété de caractères, une abondance d'épisodes, une fécondité d'invention poétique, une richesse mélodique et instrumentale, qui font de ce drame une œuvre prodigieuse dans son genre.

Au lever du rideau, la scène représente l'intérieur de l'église Sainte-Catherine à Nuremberg. La grande nef se perd obliquement à gauche et ne laisse voir que les derniers bancs des fidèles. L'orgue roule, et l'assemblée chante la dernière strophe d'un choral à quatre voix dont l'harmonie pleine remplit la voûte sonore. Comme dans tous les cantiques luthériens, la mélodie grave et mesurée se repose un instant après chaque vers, pour reprendre son essor. Pendant ces courtes pauses, une pantomime significative s'engage entre deux personnages. Un jeune chevalier, vêtu d'un riche costume de velours, est debout au premier plan, derrière un pilier, et tient ses regards attachés sur une jeune fille assise au dernier rang des fidèles. Il semble vouloir lui parler, son geste ému exprime une prière fervente, un désir profond contenu par le respect. À ce mouvement passionné, la jeune fille, honteuse, hésitante, répond par des regards mal assurés, mais pleins d'âme et de confiance, puis soudain baisse la tête, rougit et reprend son cantique. La fin de l'office interrompt ce dialogue muet, puissamment interprété par le chant expressif des violoncelles. Les fidèles s'acheminent vers la sortie ; la jeune fille, accompagnée de sa nourrice, fait quelques pas vers la porte ; mais le chevalier fend la foule, va droit à elle et l'aborde. Le chevalier, disons-le tout de suite, c'est Walther de Stolzing, jeune seigneur de Franconie, qui vient d'arriver à Nuremberg. Reçu hospitalièrement dans la maison de l'orfèvre Pogner, un des maîtres chanteurs les plus riches et les plus respectés, il s'est passionnément épris de sa fille, et s'en est venu jusqu'à l'église pour lui parler tête-à-tête. Éva, tremblante, émue, vaincue d'avance, ne sait que dire, et cherche un prétexte pour s'arrêter ainsi en pleine église ; mais il n'est jeune fille si naïve que l'amour ne rende merveilleusement rusée. Éva sait bien pourquoi elle a oublié son mouchoir sur le banc et perdu son bracelet en route. — Va les chercher, ils y sont, dit-elle à sa cameriste, et celle-ci de courir. Aussitôt un dialogue rapide s'engage, Walther presse Éva de questions. — Ce seul mot, vous ne me le dites pas ? La syllabe qui prononce mon arrêt ? Oui ou non ! — Rien qu'un murmure de votre bouche : mademoiselle, dites, êtes-vous fiancée ? — Qu'apprend-il ? Son père l'a promise au maître chanteur qui sera couronné demain par toute la corporation. — Et la fiancée, qui choisira-t-elle ? — Vous ou personne ! s'écrie Éva en s'oubliant. — Madeleine, la sage nourrice, a beau s'interposer d'un air d'importance et de protection maternelle, le mot est dit, il tinte dans les oreilles de Walther, il brûle dans son cœur. Les amants se donnent rendez-vous pour le soir, Walther espère bien gagner le prix, et s'écrie avec feu dans un transport de joie :

> *Je t'aime, belle enfant, mais n'ai point de science ;*
> *Aussi jeune est mon cœur que ma jeune espérance !*
>   *Je ne sens qu'un désir :*
>   *T'enlever, te ravir,*
>   *D'un effort de jeunesse,*
>   *D'un élan d'allégresse.*
> *Faut-il combattre ? Eh bien ! mon glaive frappera.*
> *Faut-il chanter ? J'en suis ; ma voix te gagnera.*
> *Déjà le feu sacré me trouble et m'inquiète,*
>   *Pour toi s'allume le désir,*
>   *Le saint courage du poète !*

La mélodie amoureuse, interrogative, impatiente, qui semblait hésiter et s'essayer dans les questions brèves de Walther, s'élance et s'élargit avec ce serment juvénile en accents pleins de fierté chevaleresque, et prend les contours hardis d'un air éclatant qui termine vivement cette première scène.

Éva s'éloigne, entraînée par Madeleine, et Walther reste seul avec David. C'est l'apprenti de l'illustre Hans Sachs, cordonnier-poète. En partant, Madeleine, qui a un faible pour ce joli garçon, toujours sautant et fredonnant, l'a prié d'enseigner à Walther les secrets de l'école, car pour obtenir Éva il s'agit de devenir maître à tout prix. — Maître du premier coup ? Oh ! oh ! voilà du courage, dit l'apprenti en toisant le chevalier des pieds à la tête. Il connaît les difficultés du métier, et les énumère avec un orgueil naïf.

Sur ce, d'autres apprentis sont entrés dans l'église, où va se tenir une séance solennelle des maîtres chanteurs*. Tout en lardant de cent *brocards* le camarade David, qui fait le savant avec le chevalier, ils apportent les bancs pour les maîtres, la chaise haute pour le chanteur, et dressent au fond de la scène une estrade voilée d'un rideau noir nommée *Gemerk*. C'est dans cette cage de mauvais augure que s'enfermera, selon le rite établi, le marqueur (*Merker*), le critique désigné qui marque impitoyablement sur un tableau noir les fautes du chanteur suant sang et eau sur sa *sellette*. Les apprentis le savent bien, et raillent à qui mieux mieux ce cavalier sans façon, cet intrus naïf qui veut sauter à pieds joints toutes les difficultés et s'improviser « maître » du jour au lendemain. Leur besogne faite, les gamins en gaieté font la ronde autour de la tribune, et lancent à la tête du chevalier de plus en plus dépaysé ce refrain ironique qui se scande sur leur danse moqueuse :

La couronne de fleurs, la couronne jolie,
Le beau chevalier l'attrapera-t-il ?

Il y a une gaminerie folâtre dans cette chanson, la dernière note s'élance comme une fusée pétillante ; mais l'entrée des graves maîtres chanteurs coupe court à cette espièglerie. L'école étant au grand

---

* Au XVIe siècle, ces séances solennelles avaient lieu en effet dans l'église Sainte-Catherine, à Nuremberg. On le sait par Wagenseil, historien des maîtres chanteurs.

complet, Pogner se hâte de présenter à l'assemblée son protégé Walther de Stolzing. À son aspect, un murmure d'étonnement s'élève dans la docte compagnie. Un chevalier dans l'école des simples bourgeois ! cela ne s'est jamais vu, c'est une innovation dangereuse, subversive. Et puis demander du premier coup le grade de maître, quelle présomption juvénile, quelle audace cavalière ! Un auteur inconnu venant la plume sur l'oreille, du fond de sa province, se présenter à l'Académie française ne causerait pas une plus grande surprise à Paris que le jeune seigneur de Stolzing entrant bravement dans l'école des maîtres chanteurs de Nuremberg. Il faut toute l'éloquence de son protecteur et toute l'autorité du vieux et vaillant poète Hans Sachs, qui se moque des formalités et qui devine dans cet inconnu quelque chose de jeune et de puissant, pour le faire admettre à l'épreuve solennelle. Le président Kothner, raide comme un in-folio, bourru comme un juge à l'audience, image vivante du dogmatisme le plus inflexible, se lève et procède à l'interrogatoire du nouveau-venu. « Quel est votre maître ? dit-il, dans quelle école avez-vous appris le chant ? » À cette question, Walther voit surgir dans son âme ses plus beaux souvenirs d'adolescence, il revoit comme en songe le château où, seul descendant de sa race, il a passé ses premières années dans une solitude austère, en douces rêveries, en longues méditations. Tout cela, la musique nous le fait pressentir vaguement dans un prélude d'une douceur infinie. Tel est le charme de cette mélodie où les notes rêveuses du cor se mêlent aux soupirs suaves des violons qu'on oublie le lieu de la scène et qu'on se croit transporté tout à coup dans une vaste forêt de hêtres séculaires, où le soleil printanier jette ses traînées lumineuses et qu'agite seulement un léger murmure de la brise. Walther est resté un instant comme perdu dans ses souvenirs, puis sa pensée se recueille et se formule d'elle-même dans un *lied* d'une mélodie lente et large.

> *En mon château calme et désert,*
> *Couvert de neige, en plein hiver,*
> *J'ai rêvé dans un long délire*
> *Du printemps au divin sourire.*

> *Un vieux recueil de chants d'amour*
> *Me disait comment il soupire.*
> *Walther*, l'antique troubadour,*
> *Fit vibrer mon cœur et ma lyre.*
> *Et quand fondait le givre en pleurs,*
> *Quand sur mon front pleuvaient les fleurs,*
> *Les rêves de ma nuit discrète,*
> *Les voix de mon divin poète,*
> *Résonnaient par monts et par vaux*
> *Dans la forêt resplendissante !*
> *Là-bas, avec les gais oiseaux,*
> *Là-bas j'appris comment on chante !*

Il y a tant d'assurance dans son maintien, tant de fierté valeureuse dans ses paroles, que tout le monde s'accorde à l'écouter ; mais il faut d'abord que le *marqueur*, le critique redoutable, prenne place sur sa tribune. Le hasard veut que ce soit le plus fieffé pédant de toute l'école, et, chose plus grave, un prétendant à la main d'Éva. Depuis longtemps, il grille sur son banc, et sent sa bile s'échauffer contre le chevalier, dans lequel il flaire un rival. Maître Beckmesser, greffier de la ville, célibataire de cinquante ans en quête d'une belle dot, se croit le plus beau garçon et le plus irrésistible des chanteurs de Nuremberg. Son plus grand talent consiste à critiquer les autres ; remplir cette fonction fait ses délices. Il est tellement versé dans la *tabulature* que pas une faute ne lui échappe, il tressaille d'aise à chaque rime défendue, il frétille de joie à chaque fausse note. Pour lui, tout chanteur novice est un gâcheur, comme pour certains juges tout prévenu est un condamné. Quand ce novice est un rival, la critique devient le suprême de la

---

* *Walther von der Vogelweide*, le plus grand des lyriques allemands du Moyen Âge. Il vécut en *Minnesinger* ambulant sous Frédéric II de Hohenstaufen. Au XVIe siècle, il n'avait rien perdu de sa renommée. Au XVIIe et au XVIIIe, il tomba dans l'oubli. Ressuscité de nos jours, il est plus célèbre que jamais. On l'a traduit en langue moderne, et de grands musiciens (témoin Schumann) ont recomposé les chants qu'il accompagnait, il y a six cents ans, de sa harpe rustique.

volupté. Il s'avance vers Walther d'un air pimpant, s'incline avec une politesse affectée et lui dit d'un ton narquois : « Je vous accorde sept fautes, et je vais les marquer là-bas à la craie. Si vous en faites plus de sept, vous aurez perdu, sire chevalier. » Là-dessus il monte sur l'estrade et disparaît derrière le rideau noir. Walther s'assied avec un malaise visible sur la chaise fatale qui se dresse en forme de chaire en face des maîtres. — Le chanteur est en place, dit Kothner de sa rude voix de basse, et du fond de sa cachette le greffier ajoute d'un ton de fausset le mot sacramentel : « Commencez ! » Le poète ainsi sommé se recueille un moment, puis, saisi d'une inspiration subite, il se lève de toute sa hauteur, et, s'emparant de ce dernier mot qu'on lui jette comme un défi, il le prend pour thème d'un hymne enthousiaste au printemps. « Commencez ! » reprend-il :

Commencez !
Dit le printemps au cœur des bois
Avec sa grande et forte voix...
— Et la forêt verte et vibrante
Tressaille dans ses profondeurs.
Comme une vague grandissante
S'approchent des sons précurseurs.
Le flot plus fort
Se gonfle encor
De mille voix enchanteresses ;
Il monte aux cieux
En cris joyeux.
Quels doux orages
Dans les feuillages,
Torrents de joie et d'allégresses !
Et les grands bois,
À cette voix,
Répondent par leur hymne immense.
Tout renaît à ses longs accents,
Et la forêt commence

Le chant suave du printemps !

Pendant cette fongueuse improvisation, des murmures d'impatience se sont échappés de la tribune du critique, on a entendu de forts coups de craie sur le tableau noir. Walther lui-même s'en est aperçu. Il s'interrompt et se retourne dans un mouvement d'indignation. La harpe de l'orchestre y répond par un arpège rapide et frémissant qui s'élance comme un éclair et retombe sur un accord plein de mépris superbe. Walther, trop plein d'enthousiasme pour se laisser déconcerter, saisit l'incident au vol. Se tournant à demi vers le critique impuissant, il continue :

Tout grelottant de rage,
De haine et de dépit,
Dans un buisson sauvage,
L'hiver s'est accroupi.
Caché sous le bois mort,
Le lâche raille encor
Pour imposer silence
Au cri de l'espérance !

Mais : commencez !
Ce cri m'a traversé le cœur,
Et l'amour l'envahit vainqueur...
— Il frémit comme un arbre en sève,
Ah ! comme il bondit en sursaut.
Il s'ouvre au sortir d'un long rêve,
Il chante comme un jeune oiseau !
Le sang joyeux
Coule orageux,
Gonflé de volupté fougueuse ;
Et les soupirs
Et les désirs
Et les pensées

> *S'enflent, bercées*
> *Comme une mer mélodieuse.*
> *Je sens jaillir*
> *Et tressaillir*
> *Dans ma poitrine un hymne immense.*
> *Adieu la nuit, voici le jour !*
> *Et l'âme enfin commence*
> *L'hymne sublime de l'amour !*

La mélodie de ce chant dithyrambique est d'un élan majestueux ; ivre de lumière, de parfums et de vie, elle monte et plane de zone en zone dans le ciel bleu, soutenue par un accompagnement à plein orchestre, où les mille voix de la forêt se prolongent et se fondent en une symphonie éclatante.

Le *marqueur* a perdu patience. Furieux, il sort de sa cachette en brandissant son tableau noir tout criblé de traits. « C'est fini, crie-t-il, il n'y a plus de place. » Walther veut achever, c'est en vain ; l'assemblée se lève en tumulte, les maîtres font cercle autour du greffier, qui leur démontre tous les crimes de *lèse-tabulature* de son rival. « Ni pause, ni fioriture, et pas de trace de mélodie ! » dit le critique triomphant. L'avis est unanime, le chant d'essai de Walther est déclaré absurde, fou, incompréhensible. Un seul regarde le vaillant improvisateur avec une admiration mêlée de stupeur. C'est le vieux Hans Sachs, le poète aimé de Nuremberg, un vrai poète à sa manière, fort élevé au-dessus des préjugés de l'école. Il prend hautement la défense du chevalier, le conjurant d'achever quand même, au mépris des pédants qui refusent de l'écouter. Walther, fièrement dressé sur sa chaire, achève son hymne au milieu des protestations et du bruit. Ce finale du premier acte est d'un effet très-puissant. Le chant audacieux de Walther domine le tumulte des maîtres de toute la hauteur dont l'enthousiasme domine l'impuissance. Il célèbre l'oiseau au plumage resplendissant qui prend son vol au milieu d'un essaim de hiboux et de chouettes, s'élance bien au-dessus, et déploie ses ailes dans l'azur tranquille, puis va rejoindre à travers les libres espaces sa montagne natale. Cet aigle, c'est lui, c'est son chant, c'est sa fière mélodie qui déploie dans cette troisième strophe toute sa puissance d'envergure. « Adieu, les maîtres, pour toujours ! » dit Walther avec dédain en descendant de son siège, et il sort précipitamment. Le vacarme des maîtres scandalisés est au comble. Au milieu de cette agitation, Sachs, immobile et fasciné, a suivi le chant du chevalier avec un intérêt croissant. « Quel courage ! s'écrie-t-il, quelle flamme ! Silence, maîtres, écoutez donc ! C'est un cœur de héros, un fier poète celui-là ! » Peine perdue, le verdict est prononcé, tous se pressent pêle-mêle vers la porte, et, grâce à la confusion générale, les apprentis renouent leur ronde folâtre autour de la tribune et répètent en gambadant :

La couronne de fleurs, la couronne jolie,
Le beau chevalier l'attrapera-t-il ?

Le second acte nous transporte au beau milieu de la pittoresque ville de Nuremberg. Une rue étroite se présente en perspective ; deux maisons bordent le devant de la scène. À gauche, c'est la modeste maisonnette du cordonnier Hans Sachs ; un lilas enlace et protège la paisible demeure de ses feuilles touffues, et les grappes de fleurs odorantes encadrent familièrement les petites fenêtres à carreaux du vieux poète. À droite, c'est la maison plus imposante de maître Pogner, ombragée d'un beau tilleul, ornée d'un escalier de pierre et d'une porte à niches. Deux enfilades de toits pointus vont se perdre au fond avec leurs pignons aériens à flèches gracieuses qui se pressent comme une forêt de mâts, et par-dessus la ville bourdonnante les dernières lueurs d'un soir d'été se jouent dans le ciel pur.

Le couvre-feu a sonné, les apprentis quittent leur travail en sautant de joie, aux cris : « demain c'est la Saint-Jean ! c'est la Saint-Jean ! où l'on ne voit que fleurs et rubans ! » David et Madeleine, qui se risquent un instant dans ce groupe espiègle, essuient au passage ses couplets railleurs. « À la Saint-Jean, tout le monde se marie. Les vieux épousent les fillettes, la vieille fille épouse le jeune garçon. » Bientôt la nuit tombe, tout se disperse, et la rue devient déserte. Hans Sachs* ouvre la petite porte de son atelier, allume sa lampe, s'assied sur son escabeau et se remet au travail.

Mais la soirée est trop magique, le calme trop profond, le parfum des lilas trop enivrant, la besogne n'avance pas, et, posant son marteau, il se met à rêver. Le chant de Walther résonne encore à son oreille et l'obsède étrangement. « Je le sens et ne puis le comprendre, je ne puis le retenir ni l'oublier non plus. J'essaie de l'embrasser, et la mesure me manque. Comment embrasserais-je ce qui était infini ? Ces accents me semblaient si connus et pourtant si nouveaux, nouveaux comme un chant d'oiseau pendant le doux mois de mai. » Il cherche, il songe, il cherche encore sans pouvoir trouver, pendant que le hautbois et le cor se renvoient la phrase la plus mélodieuse et la plus pénétrante du chant d'essai de Walther. Par quoi l'a-t-il donc saisi si fortement ? De quelle terre vient-il ? De quel monde débordant de jeunesse et de force ? L'*hymne au printemps* a profondément retenti dans l'âme naïve du vieux poète ; on dirait qu'il y a réveillé la force créatrice et la fait chanter à son tour, comme le premier cri du rossignol éveille dans les

---

* Hans Sachs (né en 1494, mort en 1576), le poète le plus populaire de l'Allemagne au XVIe siècle, fut un des types vigoureux et originaux de cette époque si féconde en caractères bien trempés. Il n'a pas cessé de vivre dans le souvenir du peuple, et l'on montre encore sa maison à Nuremberg. Ce cordonnier avait lu tout ce qu'on pouvait lire de son temps en allemand. Histoire sainte et profane, mythologie grecque et romaine, légende d'Arthur et de Charlemagne, il savait tout. Il comptait au nombre de ses amis Wilibald Pirkheimer, Albert Dürer et Luther, qu'il appelait « le rossignol de Wittemberg. » Rimeur infatigable, conteur jovial et cordial, poète à ses heures, il écrivit une quantité innombrable de farces, de tragédies, de poèmes, de cantiques, qui remplissent plusieurs in-folio. Il excelle dans le récit populaire. Goethe a imité parfois sa manière, et lui a consacré un monument dans la pièce intitulée : *Hans Sachsen's poetische Sendung*. Le fils illustre du patricien de Francfort salue comme un de ses ancêtres intellectuels le pauvre et joyeux cordonnier de Nuremberg. Après avoir décrit l'atelier de l'artisan, où la muse, « belle à voir comme une image de notre chère dame, » vient visiter le poète dans un rayon de soleil, il s'écrie : « Comme il vit heureux dans sa douce retraite ! Là-haut, dans les nuages, flotte pour lui une couronne de chêne éternellement jeune et verdissante ; la postérité en ceindra son front. Honneur à lui et honte à tous ceux qui méconnaîtraient leur maître ! » La prédiction de Goethe se réalise de plus en plus. Le drame de M. Richard Wagner est le plus beau monument qu'on ait jamais élevé à la gloire du poète nurembergeois.

arbres d'alentour mille échos passionnés. La musique qui accompagne ce monologue est d'une magie insinuante ; susurrements légers des violes, sons expirants de la flûte, longs appels sans réponse des cors, ces harmonies étranges où surnagent les motifs enchanteurs de Walther nous initient par degrés à tout ce travail intérieur, à cette germination mystérieuse des pensées, à ce nouveau printemps qui bourdonne dans la tête du vieux maître.

Une visite inattendue et charmante le tire de sa rêverie. Éva s'est glissée hors de la maison paternelle, elle traverse la rue sur la pointe des pieds et s'approche furtive et légère comme un chevreuil de l'atelier du cordonnier. Elle est en proie à une vive inquiétude. Walther est-il sorti triomphant de l'épreuve, pourra-t-il concourir demain ? Voilà ce qui l'amène. Sachs, agréablement surpris par l'aimable visiteuse, se lève, Éva s'assied au dehors sur le banc de pierre qui tient à la maison ; le maître, resté en dedans, s'appuie sur le rebord de la fenêtre, et se penche vers la belle jeune fille. Les lilas en fleur encadrent ce tableau, et la lune le caresse d'un rayon. C'est toute une idylle que cette scène.

« ÉVA. — *Bonsoir, maître ! Toujours au travail ?*

« SACHS. — *Comment, c'est toi, mon enfant ! Ève, ma mignonne ? Mais je devine pourquoi tu viens. Les nouveaux souliers, n'est-ce pas ?*

« ÉVA. — *Mal deviné ! je ne les ai pas encore essayés. Ils sont si beaux, si magnifiquement ornés, que j'hésite à les mettre.*

« SACHS. — *Et demain pourtant tu les porteras comme fiancée.*

« ÉVA. — *Et qui sera le fiancé ?*

« SACHS. — *Le sais-je, moi ?*

« ÉVA. — *Et qui vous a dit que je suis fiancée ?*

« SACHS. — *Eh quoi ! toute la ville le sait.*

« ÉVA. — *Si toute la ville le sait, l'ami Sachs n'est pas sorcier pour me l'apprendre. Je croyais qu'il en savait plus long.*

« SACHS. — *Que puis-je savoir ?*

« ÉVA. — *Eh ! voyez donc ! Faut-il vous le dire ? Je suis bien sotte, n'est-ce pas ?*

« SACHS. — *Je ne dis pas cela.*

« ÉVA. — *Alors vous êtes bien rusé ?*

« SACHS. — Je n'en sais rien.

« ÉVA. — Vous ne savez rien ? Vous ne dites rien ? Ah ! l'ami Sachs, je commence à m'en apercevoir, la poix est moins flexible que la cire. Je vous aurais cru plus fin.

« SACHS. — Enfant ! Cire et poix sont choses également précieuses dans mon métier. J'ai pris la cire la plus exquise pour faire reluire les fils de soie qui enlacent tes souliers coquets ; mais aujourd'hui je fais de gros souliers. Il me faut de la poix pour un rude manant.

« ÉVA. — Qui donc ? Un grand personnage peut-être ?

« SACHS. — Je crois bien ! Un maître chanteur, un fier prétendant, qui

pense l'emporter demain sur tous ses rivaux. Je travaille aux souliers de maître Beckmesser.

« ÉVA. — Oh ! alors, mettez-y de la poix, et hardiment ! Qu'il y reste collé et me laisse en paix !

« SACHS. — Il espère te gagner sans faute par son chant.

« ÉVA. — Lui ? Comment donc ?

« SACHS. — Un célibataire ! Ils sont rares parmi les maîtres.

« ÉVA. — Un veuf ne pourrait-il réussir ?

« SACHS. — Mon enfant, il serait trop vieux pour toi.

« ÉVA. — Trop vieux ? Pourquoi ? C'est l'art qui doit vaincre, et non pas la jeunesse. Quiconque s'y entend brigue ma main !

« SACHS. — Ève, ma mignonne ! tu me fais des contes bleus.

« ÉVA. — Pas moi ! c'est vous qui me contez sornette. Avouez que vous êtes changeant. Dieu sait qui vient d'emménager dans votre cœur. Moi qui croyais y régner depuis tant d'années ! »

On le voit, toute la coquetterie enfantine, toute la grâce insinuante d'Éva, échouent devant la malice paternelle du cordonnier. Elle parvient cependant à faire tomber la conversation sur la séance à l'école de chant, Sachs laisse échapper comme par hasard le mot de « présentation. » Éva tressaille et s'écrie naïvement :

« ÉVA. — Ah ! maître Sachs, vous auriez dû me le dire tout de suite, et je ne vous aurais pas tourmenté de questions superflues. Eh bien ! vite ! dites-moi qui s'est présenté à l'école des maîtres chanteurs ?

« SACHS. — Un jeune seigneur, mon enfant, un ignorant.

« ÉVA. — Un jeune seigneur ? J'espère ! — A-t-il été reçu ?

« SACHS. — Du tout, mon enfant, il y a eu grande bataille.

« ÉVA. — Alors parlez donc ! Racontez-moi ce qui s'est passé. Si cela vous tourmente, comment resterais-je tranquille ? A-t-il mal subi son épreuve ? A-t-il perdu ?

« SACHS. — Perdu sans grâce, le sire chevalier.

« MADELEINE, sur l'escalier. — Pst !

« ÉVA. — Sans grâce ? Comment ? Rien ne peut le sauver ? A-t-il si mal chanté qu'il ne puisse devenir un maître ?

« SACHS. — Pour celui-là, mon enfant, tout est perdu. Il ne sera maître dans aucun pays. Car, sache-le, mon enfant, quiconque est né maître parmi les maîtres ne fera point fortune.

« MADELEINE, de l'autre côté de la rue. — Le père demande après toi.

« ÉVA. — De grâce ! une dernière question. N'a-t-il pas trouvé dans toute l'école un seul ami pour le défendre ?

« SACHS. — Un ami ? Voilà qui serait plaisant ! Laissons courir ce hobereau à plume de paon. Nous voulons dormir tranquilles sur les règles que nous avons apprises à la sueur de notre front. Qu'il nous baille la paix, ce trouble-fête, et qu'il cherche ailleurs son bonheur !

« ÉVA, se lève en colère. — Oui ! Il le trouvera ailleurs que chez vous, pédants envieux que vous êtes ! Il le trouvera là où les cœurs brûlent encore d'un feu généreux en dépit de tous les maîtres sournois ! »

On le devine aisément, maître Sachs n'a médit du chevalier que pour mieux sonder le cœur d'Éva. Il est vrai que sous ses cheveux grisonnants le poète, encore plein de verdeur, cache un faible pour la ravissante enfant, la perle de Nuremberg. Toute petite, il la portait dans ses bras, il l'a vue grandir, il lui a enseigné tout ce qu'il savait de bon et de beau, et l'a toujours aimée, choyée, gâtée, comme une fille adoptive. C'est une de ces affections de père qui renferment un grain de passion ; mais le vaillant maître ne songe même pas à se l'avouer, et maintenant qu'il sait où souffle le vent, il se décide gaiement à prendre en main la cause de Walther.

L'aventure menace toutefois de prendre une tournure plus grave. Walther s'avance dans la rue ; Éva, fidèle au rendez-vous, s'élance vers lui. Las de tergiversations et de compromis, exaspéré contre les maîtres, le jeune homme a pris un parti énergique ; il veut enlever sa fiancée loin de cette ville de pédants et l'épouser dans son château. Éva se jette dans ses bras sans hésiter. Ils vont fuir ; mais les amants ont compté sans maître Sachs. Le cordonnier a tout vu ; il entr'ouvre légèrement son volet et fait tomber un rayon de lumière sur les amants, qui reculent effrayés. Au même instant, Beckmesser arrive du fond de la rue et fait entendre le son de sa guitare. Le greffier se flatte de gagner le cœur d'Éva par une sérénade nocturne. En apercevant le malencontreux critique, Walther tire son épée et veut s'élancer sur lui. Éva, qui craint un scandale, ne parvient qu'à grand-peine à calmer son ravisseur impatient. Enfin elle l'entraîne sous le tilleul sombre, où les amants attendent l'issue de la scène.

En apercevant Beckmesser, Sachs, saisi d'une idée subite, rouvre sa porte et place son escabeau dans la rue. Au moment où le greffier s'apprête à chanter, Sachs frappe à grands coups de marteau sur une paire de souliers qu'il est en train d'achever et entonne d'une voix de stentor une chanson humoristique de sa façon. Alors le greffier piqué, hors de lui, trépignant de colère chante à tue-tête sa prosaïque sérénade, qui est d'un comique achevé.

Cette cacophonie burlesque met aux fenêtres les voisins qui, furieux d'être troublés dans leur sommeil, accablent d'injures le chanteur importun. David l'apprenti est descendu, il s'imagine que le greffier en veut à Madeleine, tombe sur lui à bras raccourcis, et d'un solide gourdin fait voler sa guitare en éclats. Les voilà aux prises. Les voisins accourent et veulent les séparer. — Est-ce que ça vous regarde ? — crient de nouveaux arrivants, et les voisins eux-mêmes tombent les uns sur les autres. Après les voisins viennent les apprentis, après les apprentis les compagnons, tous criant, jurant, frappant à qui mieux

mieux. La jalousie des corporations s'en mêle. Charpentiers, tailleurs, serruriers tombent les uns sur les autres, les maîtres eux-mêmes, qui voulaient se poser en arbitres, finissent par jouer des poings ; enfin c'est une mêlée inextricable. Walther, resté à l'écart avec Éva, veut profiter de la confusion pour se frayer un chemin l'épée à la main ; mais Sachs, qui les observe, s'élance sur eux, saisit Walther d'une main et de l'autre pousse Éva dans les bras de son père, puis il entraîne le chevalier dans sa maison et ferme la porte derrière lui. Au même moment, on entend la trompe du veilleur de nuit, le cor d'Obéron ne produirait pas d'effet plus instantané. Aussitôt la bataille cesse comme par enchantement ; apprentis, compagnons, bourgeois, prennent la fuite, tout se disperse, toutes les fenêtres se ferment précipitamment, et la pleine lune éclaire de ses paisibles rayons la rue silencieuse. Le veilleur de nuit arrive trop tard, se frotte les yeux, regarde autour de lui d'un air ébahi, et, croyant avoir entendu des spectres, il entonne d'une voix tremblante son verset solennel : — *Écoutez, bonnes gens, prêtez l'oreille, — la cloche a sonné onze heures. — Gardez-vous des spectres et des lutins, — qu'aucun mauvais esprit n'ensorcelle votre âme. — Louez Dieu le Seigneur !*

Le finale de cet acte est un tour de force d'orchestration et de verve comique. Le vaste *crescendo* qui accompagne la mêlée se développe tout entier en fugue sur la ritournelle bizarre de la sérénade, et gagnant tout l'orchestre par bonds rapides, éclate avec une furie étourdissante. Cet air drolatique qui, dans l'idée du galant greffier, devait attendrir la belle Éva, ne fait qu'ameuter les voisins. Comme un lutin moqueur, il se multiplie, se centuple en pirouettes fantasques, s'élance de toutes les fenêtres, s'échappe de toutes les portes, et, légion formidable, revient assaillir le chanteur effaré. Le pédant est puni par son péché, rossé par sa propre sérénade, qui semble prendre mille corps et fourmiller autour de lui : idée originale d'un comique très gai. Un autre compositeur eût sans doute fait tomber la toile sur cet éclat de rire shakespearien. Richard Wagner ne l'a pas fait, et sa fin est un trait de génie. Le vrai poète et le grand musicien se trahissent dans cette intention fine et profonde. Un coup de trompe, et tout s'enfuit, le veilleur de nuit chante au milieu du silence son grave couplet, moitié comique, moitié religieux, la lune monte entre les pignons grêles de la ville endormie, et d'un coup de baguette on se dirait enlevé dans le royaume aérien des esprits, qui se dont amusés à semer la discorde parmi les braves bourgeois pour mieux préparer le triomphe de leurs favoris. Les flûtes reprennent *staccato scherzando* le motif endiablé qui va se perdre dans les profondeurs de la basse, tandis que le cor répète deux fois comme une douce question trois notes rêveuses du prélude de Walther. On croit voir s'esquiver en serpentant la ronde folâtre de lutins et de fées et s'évanouir sa trace lumineuse comme un essaim de lucioles, pendant qu'un sylphe attardé se penche sur Éva et murmure le nom mystérieux du bien-aimé à la jeune fille qui s'endort. La musique a de ces magies ; seize mesures lui suffisent pour faire passer sous nos yeux toutes les féeries d'Obéron et de Titania.

À cette nuit bruyante et fantastique succède un jour radieux. Au troisième acte, nous sommes dans l'intérieur de Sachs. L'atelier a pris un air de fête, tout est en ordre, la table reluit, les modestes fenêtres garnies de pots de fleurs tamisent le soleil du matin. Le maître est assis dans un grand fauteuil ; il tient un in-folio ouvert sur ses genoux et paraît plongé dans sa lecture. David, qui entre en frétillant de joie parce que Madeleine lui a donné fleurs et rubans, a beau tourner autour de lui, l'interpeller par son nom, à voix basse, à haute voix, il ne bouge pas, si bien que l'apprenti inquiet se croit en disgrâce et demande d'une voix suppliante le pardon de ses méfaits nocturnes. Pour toute réponse, le maître ferme son in-folio à grand bruit, et l'apprenti effrayé tombe à genoux. « Le sermon va venir et la courroie par-dessus le marché, » pense David ; mais le maître a l'air de revenir d'un autre monde, son front est serein, sa voix amicale, il fait réciter à son élève le verset du matin, et l'envoie s'habiller pour la fête. Maître Sachs est un vrai philosophe. Quand il vient de lire dans la *Chronique du monde (Wellckronik)*, quand il a médité sur les destinées humaines, il est doux comme un agneau, il comprend tout et ne se fâche de rien. Resté seul, il achève sa méditation, qui nous ouvre une échappée sur le fond de cette âme mâle et placide. Repassant dans sa mémoire les événements de la nuit, il se demande quel démon a excité les uns contre les autres les paisibles citoyens de sa chère ville de Nuremberg. — C'est l'antique folie, dit-il, c'est l'éternelle illusion, sans laquelle rien ne réussit et qu'il ne s'agit que de maîtriser. Après la folle nuit vient le jour ! Voyons comment Hans Sachs s'y prendra pour faire sortir de cette heure de folie quelque chose de grand ? »

À ce moment, Walther entre dans l'atelier. — *Prenez courage, lui dit Sachs, et composez-moi un chant de maître !* Walther sourit ; il ne croit pas à une réconciliation avec l'école, et n'en veut plus entendre parler. Sachs n'est pas de cet avis, et lui promet la victoire pourvu qu'il plie son inspiration à une forme plus sévère. — *Comment m'y prendrais-je ?* — *Racontez-moi votre rêve du matin.* — *Ce rêve, comme tous les rêves, est une vision vague, mais d'autant plus délicieuse.* Walther s'est vu transporté dans un jardin resplendissant de fleurs et de rosée où une femme divine, une Ève enchanteresse, l'appelait sous l'arbre de la vie et l'invitait à cueillir le fruit savoureux. Fasciné, il s'est assoupi sous les regards de la séductrice. La nuit est tombée, et à travers le feuillage sombre il a vu scintiller une couronne d'étoiles qui semblait vouloir se poser sur le front de la femme aux yeux rayonnants. Dans la bouche de Walther, cette vision se formule tout naturellement en deux strophes mélodieuses d'un flot suave et noble. Le maître est ravi. Dans la joie de son cœur, il a écrit les paroles sur une feuille de papier. — *Et maintenant, dit-il, il s'agit d'oser. Allons nous préparer pour la fête.*

À peine sont-ils sortis, qu'on voit apparaître le greffier, qui rôdait dans la rue. Il entre en boitant, car ses jambes n'ont pas oublié la sérénade de la veille et son accompagnement varié. Ses yeux rencontrent la feuille de papier oubliée sur la table. Il reconnaît l'écriture de Sachs ; un chant d'amour de lui ? Le vieux cordonnier aurait-il l'audace de briguer la main d'Éva ? Cette pensée lui vient comme un éclair. Le maître rentre au même instant en habit de fête. Beckmesser l'accable de reproches et de sarcasmes. — *Je n'ai jamais songé à concourir, lui répond Sachs en riant, à preuve que je vous fais cadeau de ces vers. Faites-en ce qu'il vous plaira.* — Le greffier tombe tête baissée dans le piège qu'on lui tend et emporte triomphalement la feuille, croyant tenir la victoire dans sa poche.

Survient Éva en robe blanche, richement parée pour la fête. Sachs lui fait compliment sur sa beauté ; mais elle lui reproche d'un air triste et boudeur de ne pas savoir *où le soulier la blesse**. Le cordonnier la prend au mot, lui fait poser le pied sur un tabouret et tâte le méchant soulier. Trop large ici, trop mince là, Éva lui trouve tous les défauts du monde. Tout à coup Walther paraît sous la porte, en face d'Éva, et reste cloué sur place devant l'éblouissante apparition. La couronne étoilée, qu'il a vue flotter en songe sur la tête de son Ève idéale, brille maintenant dans les cheveux d'Éva, et c'est une couronne de fiancée. Le rêve s'est accompli, la vision poétique est devenue réalité vivante. Dans le ravissement que lui cause cette vue, il laisse échapper la troisième strophe de son chant, qui résonne aux sons de la harpe comme l'hosannah des fiançailles. Éva l'écoute immobile, les bras étendus, pétrifiée dans son extase. — *Eh bien, dit Sachs en lui remettant le soulier, est-il réussi ? Essaie, marche ! te gêne-t-il encore ?* — Éva reconnaît enfin dans le vaillant maître son plus généreux ami et se jette à son cou. Après un instant d'effusion paternelle, Sachs, s'arrachant à cette étreinte, fait retomber la jeune fille palpitante de bonheur sur l'épaule de Walther, qui la reçoit dans ses bras. David et Madeleine sont entrés comme par hasard, et la scène finit par un grand quintette, où tous ces cœurs émus se fondent en un hymne de joie et d'espérance.

Le rideau s'abaisse un instant et se relève bientôt après sur une grande scène populaire. Une vaste prairie s'étend au bord de la Pegnitz. Nuremberg dessine au fond ses tours et sa citadelle ; une estrade flanquée de girandoles se dresse à gauche. Bourgeois et bourgeoises arrivent en nacelles et sont reçus par les apprentis qui, vêtus en hérauts, brandissent gaiement leurs sceptres enrubannés. Les corporations se succèdent et arborent leurs bannières sur la tribune des maîtres chanteurs. Les tailleurs, les cordonniers et les boulangers chantent un couplet en l'honneur de leur patron, les trompettes de la ville sonnent

---

* Proverbe allemand qui équivaut a la location française : *où le bât la blesse*.

leurs fanfares et le peuple applaudit. La joie est au comble quand arrive un bateau tout rempli de paysannes. Aussitôt les apprentis courent s'en emparer, les fifres attaquent un motif piquant et rustique, les couples se forment en un clin d'œil, et voilà la danse en branle. Un cri qui s'élève dans la foule coupe court à ce bal improvisé. Les paysannes, lâchées subitement, volent aux quatre coins de la place, les apprentis se rangent respectueusement, et les cuivres, reprenant la marche solennelle de l'ouverture, annoncent l'arrivée des maîtres chanteurs. Ils se rangent sur la tribune, Pogner conduit sa fille, qui tient la couronne destinée au vainqueur. Hans Sachs arrive le dernier. En apercevant son favori, le peuple ne contient plus sa joie, et, d'une inspiration spontanée, unanime, entonne le beau cantique de Sachs sur la réformation :

> Debout ! Voici venin le jour !
> J'entends aux vallons d'alentour
> Un rossignol à la voix claire*.
> Sa voix réveille ciel et terre !
> La nuit s'enfuit à l'Occident,
> Le jour se lève en Orient,
> Le ciel livide se colore,
> Salut, ardente, immense aurore !

Ce cantique, entonné à pleine poitrine par une foule enthousiaste, produit un effet grandiose, irrésistible. Il y a dans ces *pianissimo* suaves, qui s'enflent de note en note jusqu'au *fortissimo* le plus retentissant, un sentiment à la fois doux et terrible qui pénètre jusqu'à la moelle des os. On dirait tout un peuple qui se replie dans les profondeurs de son âme avec un attendrissement religieux, et puis laisse éclater sa joie formidable dans un cri de liberté. Un sourd roulement de tambours vient appuyer par deux fois ces voix éclatantes, comme un fracas d'armes lointain ; on y sent gronder toute une révolution. C'est la réforme qui respire dans ce cantique, non pas la réforme étroite et

---

* Allusion à Luther. Cette poésie se trouve dans les œuvres de Hans Sachs.

confessionnelle, mais la grande, l'éternelle réforme qui a pour devise : affranchissement de l'homme, libre épanouissement de l'âme, fraternité humaine. Cela est d'un grand artiste d'avoir su conserver la couleur protestante à ce cantique en le remplissant d'un sentiment si large. L'effet est si puissant qu'il peut se comparer à celui du fameux *Hymne à la Joie* de Schiller, placé par Beethoven à la fin de sa neuvième symphonie.

Sachs reçoit cet hommage avec calme et dignité. Debout, immobile au bord de la tribune, il regarde par-dessus la foule à l'horizon, comme si son regard plongeait dans l'avenir. Le concours commence. Beckmesser entre d'abord dans l'arène. Sa démarche provoque déjà l'hilarité de la foule ; son chant fait le reste. L'infortuné greffier n'a vu que du feu à la poésie de Walther, il a lu les mots de travers et chante ce galimatias sur l'air de sa propre sérénade avec force ritournelles et fioritures. Après la première strophe, les maîtres se regardent entre eux ; après la seconde, le peuple murmure ; après la troisième, tout part d'un immense éclat de rire.

Alors Walther sort de la foule, et se présente d'un front intrépide. Un murmure d'approbation accueille le jeune homme, et c'est au milieu d'un profond silence qu'il reprend la première strophe de son chant. La noble mélodie répand ses ondes majestueuses sur la foule captivée, un frisson sympathique parcourt les auditeurs. Sûr désormais de sa victoire, Walther cède au démon de l'improvisation ; sa pensée hardie prend un nouvel essor. Pour la première fois il a senti sa puissance sur les hommes, il a surpris les échos ravissants de sa voix inspirée dans les voix émues de la foule, il a entendu la vibration magnétique des cœurs. À ce moment unique de son existence, le secret de sa destinée se révèle à lui, le mystère de sa vision splendide se dévoile à ses yeux. Ce n'est plus l'Ève du paradis qu'il croit voir devant lui, ce n'est plus la simple jeune fille de Nuremberg ; une fiancée plus sublime se montre à lui, la muse elle-même, la muse de son peuple lui apparaît dans sa beauté sainte et souriante, elle l'appelle à la source sacrée, l'inonde de ses regards comme d'un baptême de feu. C'est elle qu'il cherchait, c'est elle qu'il trouve enfin et qu'il salue d'un audacieux chant d'amour. — Le peuple est saisi par ces accents inouïs qui le transportent dans un autre monde sur les ailes de la poésie, les maîtres chanteurs, touchés et vaincus, trahissent malgré eux leur admiration. Walther s'avance vers la tribune et plie un genou devant Éva, qui pose sur sa tête la couronne de myrte et de lauriers. Ainsi s'achève la victoire du vrai poète. Les apprentis battent des mains, le peuple agite chapeaux et bannières, et la toile tombe aux cris répétés de : vive Hans Sachs !

IV

Un récit détaillé du drame nous a paru indispensable pour donner au lecteur une impression de cette œuvre originale. Il n'y a pas trace ici des fadeurs et des platitudes du *libretto* de commande. La vie circule largement, librement, à travers tout le drame ; une noble pensée le domine, et ce qui frappe par-dessus tout, c'est sa parfaite unité.

Walther et Sachs en sont les héros, et de leur union ressort une pensée qui n'est pas sans grandeur. Le dénouement du drame est en même temps la victoire d'une idée. C'est par l'alliance du poète de race noble avec le poète populaire que s'achève le triomphe de la poésie elle-même. Ils viennent de régions opposées pour se rencontrer au même point. Le chevalier Walther a grandi dans l'isolement de son château féodal. Son âme s'est éveillée aux frissonnements de l'antique forêt, dans l'éternelle jeunesse de la nature. Durant les longues veillées, il a lu « les vieux livres légués par l'aïeul, » et les grands inspirés des âges héroïques lui sont apparus. Alors surgirent en lui des rêves larges comme les grands bois, des pensées hautes comme le ciel ; mais pour qui coulera-t-elle, cette source qu'il sent déborder de son cœur ? Il voudrait la prodiguer à des êtres aussi nobles que lui. Où vivent-ils ? Il faut qu'il les trouve, et voilà ce qui le pousse dans le vaste monde ; il voudrait s'y élancer comme un aigle du haut de son aire, le cœur gonflé et les ailes ouvertes. Sachs au contraire n'est qu'un pauvre artisan : sorti du peuple, pétri de sa chair, nourri de ses labeurs, il a vécu de sa vie. Ah ! comme jour et nuit il a manié le marteau et le poinçon dans son petit atelier au cœur de la cité travailleuse ! Pendant ce temps, son esprit infatigable ne chômait pas. Le peuple, qu'il aime tant, lui a soufflé sa verve et sa bonne humeur, il chante avec lui, pour lui, soir et matin. Il scande sa chanson à coups de marteau, qu'importe, si elle est gaie ? L'humanité lui apparaît de loin comme une lanterne magique où paysans, seigneurs, rois et peuples dansent une folle sarabande. Il regarde ce monde étrange d'un œil calme. Il est fort et ferme sur le sol où il marche, il sent qu'il est la voix de son peuple. Ainsi nous voyons le vieux travailleur au déclin, de sa vie, toujours jeune d'âme et franc de cœur, saluer d'un mâle cantique l'aurore du grand jour de la réforme. Ce Hans Sachs est à la fois une résurrection et une création. L'artisan-poète du XVIe siècle, dont l'Allemagne révère le souvenir, apparaît ici avec sa vraie physionomie transfigurée d'un rayon d'idéal. C'est bien là le type de l'esprit inventif, de l'imagination infatigable du peuple dans sa simplicité et sa franchise. Avec cela, quelle nature saine, riche et profonde ! Au dehors, la rudesse, la bonhomie, la fine malice de l'artisan ; mais sous cette forte écorce qu'il oppose comme une cuirasse infrangible aux sots et aux méchants, il y a des abîmes de tendresse et de poésie, des profondeurs de rêverie et de mâle tristesse, et tout au fond on trouve un sage plein de force et de joie. Si différents qu'ils soient, Hans Sachs et Walther de Stolzing sont faits pour se comprendre et se compléter. L'un arrive des hauteurs sublimes du rêve et de la pensée, l'autre sort du fin fond du peuple ; l'un aspire à descendre, et à se communiquer, l'autre à monter et à se retremper dans un air plus pur. Le chevalier met fièrement sa main dans la rude main de l'artisan devant le peuple assemblé, et le peuple applaudit, car il sent que c'est l'alliance de l'enthousiasme révélateur avec la tradition nationale, de l'art élevé avec l'art naïf, du génie avec le peuple.

Ce poème vit par lui seul, il se suffit à la rigueur ; mais il a reçu de la musique une intensité de couleur et une puissance d'expression qu'on ne lui supposerait jamais à la simple lecture. Détachez cette musique des paroles, vous y trouverez des fragments gracieux ou grandioses, l'ensemble restera lettre close ; mais joignez-y le drame, elle s'illuminera soudain de la plus vive lumière. L'ouverture est, comme celle de *Tannhäuser*, un abrégé du drame lui-même. Elle débute avec éclat par la marche grave et rigide des maîtres chanteurs. Bientôt une phrase rêveuse confiée à la flûte, reprise par le hautbois et continuée par le violon, vient l'interrompre. Elle s'y glisse comme une bouffée de brise parfumée entre les lourdes colonnes d'une vieille église ; c'est le motif de Walther, germe flottant encore et mystérieux, d'où va sortir toute une symphonie. À partir de ce moment, il y a lutte entre les deux motifs. La marche attaquée par les trompettes revient persistante, inflexible ; mais la phrase mélodieuse s'en empare doucement, l'enveloppe de ses contours onduleux, et finit par la couvrir de son chant d'allégresse. On dirait une végétation exubérante qui pousse entre les dalles brisées d'un cloître en ruine, enlace les piliers massifs de ses rameaux touffus, et va suspendre aux plus hautes arcades ses festons de fleurs sauvages. Nous avons ainsi comme une image et comme un pressentiment de la lutte qui se prépare entre Walther et l'école.

Le charme original et captivant de cette musique réside dans la part active qu'elle prend au développement des caractères. L'orchestre a une richesse de coloris, des tons ardents, des effets de clair-obscur, qui frappent et fascinent. Non-seulement M. Richard Wagner dessine ses personnages par les motifs les plus saisissants, mais il affecte à chacun d'eux des timbres particuliers, et nous donne ainsi la sensation immédiate, intense de leur tempérament, et, si j'ose dire, la vibration intime de leur être. Il y aurait toute une étude à faire sur le développement du caractère de Walther et de Sachs dans la musique, sur la partie si intéressante du magnanime Pogner, de cet amusant Beckmesser et de l'apprenti David, cet étourneau naïf et bon enfant qui a toujours le cœur sur la main. Disons seulement que cette musique agit sur l'âme sans que la réflexion s'en mêle, pourvu que l'on s'abandonne à l'impression. Malgré la longueur évidente de quelques scènes, la mélodie est vive et originale dans le dialogue. Ainsi dans la scène ravissante entre Éva et Sachs, il n'y a ni air, ni chanson, ni récitatif, et pourtant que de mélodies ! Les hautbois, les violons, le saxophone, dessinent une figure gracieuse qui prolonge à travers toute la scène sa molle ondulation d'un rythme cadencé. Les questions insinuantes d'Éva, les réponses malicieuses du maître, tout ce dialogue caressant et enjoué enroule ses lignes capricieuses autour du dessin instrumental aussi légèrement qu'une branche de chèvrefeuille dans le trèfle d'une ogive. Tout cela est si vif, si nuancé, si précis, qu'on oublie que c'est du chant ; on dirait que c'est parlé, et qu'il est impossible de parler autrement.

L'avenir dira avec plus de sûreté que nous ne saurions le faire quelles sont dans les puissantes créations de M. Richard Wagner les imperfections, les aspérités, inévitables peut-être chez un novateur aussi hardi. Ce qu'on peut affirmer dès aujourd'hui avec une entière certitude, c'est qu'il a fait faire un pas décisif à l'opéra. Son ambition est osée, mais vaillante et généreuse. Poète dans l'âme non moins que musicien passionné, il a rêvé pour l'opéra la noblesse de l'idée, la grandeur des caractères, l'énergie et la vérité de l'expression, l'unité profonde et harmonieuse du poème et de la musique. Continuateur de Gluck, il a revendiqué pour le drame musical, où tous les arts viendraient se donner la main, la beauté humaine, la haute dignité sociale de la tragédie antique. On n'a pas impunément cette foi et ce courage. Lorsqu'on veut introduire un esprit nouveau dans une institution fortement établie, on a contre soi tous ceux qui tiennent de près ou de loin à cette institution. Voilà ce qui est arrivé à Richard Wagner lorsqu'il a prononcé pour la première fois le mot de *drame musical*. Directeurs, musiciens, acteurs, se sont crus lésés dans leurs droits, menacés dans leurs privilèges, et, s'imaginant que le feu était à la maison, ils ont crié sus à l'incendiaire. Lorsqu'une idée cependant renferme une part de vérité, elle fait son chemin toute seule. L'idée du drame musical n'est pas morte, loin de là. Toujours attaquée, jamais abattue, cent fois enterrée pompeusement par les grands-prêtres de la critique allemande, cent fois ressuscitée en plein théâtre devant une foule étonnée, elle s'est imposée peu à peu aux hommes qui veulent franchement et hardiment le progrès. Quant aux œuvres mêmes de Richard Wagner, elfes ont toujours puissamment saisi et profondément remué le public. En Allemagne, le succès s'est affirmé d'année en année. Tannhäuser et Lohengrin sont devenus des types nationaux, et ont inspiré les peintres et les sculpteurs. *Les Maîtres chanteurs* ont été une victoire chaudement applaudie par le public, timidement contestée par le camp contraire. Après Munich, Vienne, Dresde et Carlsruhe ont donné l'œuvre entière. Qu'on le regrette ou qu'on s'en réjouisse, le drame musical n'est plus seulement une idée en Allemagne, c'est un fait.

Quelle sera la destinée de cette forme nouvelle de l'opéra en France ? Le temps seul tranchera la question. Il est naturel que l'on n'accepte pas d'emblée les choses qui se présentent sous un aspect tout à fait inaccoutumé. Il est dans le caractère français de se défier tout d'abord des œuvres qui viennent de l'étranger et qui rompent résolument avec la tradition. Soyons justes cependant, et surtout soyons clairvoyants. Ne fermons pas les yeux sur ce qui se passe chez nos voisins, lorsqu'une série d'évènements donne à penser qu'il se prépare un mouvement inévitable des esprits dans une direction nouvelle. Or en Allemagne comme en France l'élite des auteurs, de la critique et du public tend instinctivement à sortir de l'ancienne forme de l'opéra. Ce mouvement aboutit logiquement au drame musical. Est-ce à dire qu'en admettant cette forme nouvelle on condamne implicitement les chefs-d'œuvre immortels du passé ? Bien étroit qui. le prétendrait. Comme opéra, on ne fera jamais rien de plus parfait que le *Don Juan* de Mozart ; mais l'art ne peut rester stationnaire dans son développement, il est infini comme la nature dans les formes qu'il revêt d'âge en âge. Lui poser des limites serait aussi vain que de vouloir restreindre la flore du globe à celle d'une famille. Toute forme nouvelle qui se déploie avec la vigueur et l'unité d'un organisme vivant a sa raison d'être. Le drame musical, inauguré par Gluck, repris et élargi par M. Richard Wagner, est certainement une des formes les plus vivantes et les plus grandioses de l'art.

M. Richard Wagner n'en a pas dit le dernier mot ; ce qu'il faut reconnaître, c'est son puissant effort vers cet idéal. Le premier il en a deviné tous les principes, le premier il les a appliqués d'intuition avec une persévérance et un courage qui feront sa gloire. Imiter servilement son système et ses procédés serait absurde. Tout grand artiste se crée son système ; disons mieux, il l'apporte tout fait dans sa tête, et ne peut le formuler qu'après l'avoir appliqué. Ainsi fit Richard Wagner. Toutefois, parmi les principes généraux affirmés par l'auteur de *Lohengrin* et des *Maîtres chanteurs*, il en est quelques-uns qui tendent à prévaloir chez ceux-là mêmes qui se déclarent ses adversaires. Les voici en trois mots : dans le drame musical, c'est là une vérité incontestable, mais souvent oubliée, le poème est de première importance ; le drame est le but et non pas le moyen. Il y faut donc un fond d'inspiration vraie, une action forte et simple, des caractères vivants et pleins. Quant à la musique, elle est là non-seulement pour charmer l'oreille, mais surtout pour exprimer l'idée poétique dans toute sa richesse. Ce principe une fois admis, deux autres en découlent : quelles que soient les formes mélodiques adoptées par le musicien, pour être vraiment persuasifs, pour nous satisfaire pleinement, il ne faut pas que de beaux airs soient plaqués sur des vers médiocres, il faut qu'une belle mélodie s'unisse à de belles paroles, que le chant sorte naturellement du vers et n'en soit pour ainsi dire que la fleur. Enfin, si l'orchestre veut nous émouvoir dans le sens du drame, qu'il prenne une part constante à l'action, appuie la pantomime des personnages, concoure à la peinture des caractères. Est-il besoin de dire que ces principes se prêtent aux sujets les plus variés, aux individualités les plus diverses ? Tous les grands compositeurs les ont appliqués aux plus beaux endroits de leurs opéras ; mais l'ont-ils fait avec cette suite et cet ensemble qu'exige aujourd'hui notre besoin de vérité dramatique ? Pourtant il faudrait qu'ils les eussent appliquées ainsi pour créer des œuvres parfaitement unes et intelligibles. Que le drame musical ainsi conçu demande un concours de talents, de forces, de dévouements, de ressources extraordinaires, et avant tout la collaboration d'un vrai poète et d'un vrai musicien, qui rarement se rencontreront dans la même personne, cela est certaine Si c'est chose difficile, est-ce chose impossible ? Rien ne le prouve. Il est donc à prévoir que dans l'avenir le drame musical s'affirmera plus d'une fois encore en face de l'opera. Ceux qui ne demandent à la scène lyrique que le plus éblouissant des spectacles, orné de magnifiques morceaux de musique instrumentale et vocale, suivront la voie de l'opéra traditionnel ; ceux qui n'y verront pas seulement une fête musicale, qui chercheront là, comme dans le drame déclamé, une occasion de représenter devant la foule l'homme dans toute son énergie, l'humanité dans toute sa grandeur, ceux-là s'attacheront au drame musical. C'est la gloire de Gluck d'avoir frayé cette voie ; c'est l'honneur de M. Richard Wagner d'y avoir marché plus avant.

Édouard Fleury

∽

Copyright © 2025 by ALICIA ÉDITIONS
Crédits image : Canva, Wikipédia Commons
Photographie de Richard Wagner par Franz Hanfstaengl, 1871,
https://commons.wikimedia.org/wiki/File:RichardWagner.jpg
https://commons.wikimedia.org/wiki/Category:%C3%89douard_Schur%C3%A9?
uselang=fr#/media/File:Autographe_d'%C3%89douard_Schur%C3%A9.jpg
ISBN E-book : 9782384555864
ISBN Broché : 9782384555871
ISBN Relié : 9782384555888

Tous droits réservés

www.ingramcontent.com/pod-product-compliance
Lightning Source LLC
LaVergne TN
LVHW032013070526
838202LV00059B/6440